Saber leer

**Instituto
Cervantes**

Saber leer

Giovanni Parodi
(coord.)

© 2010, Instituto Cervantes
© 2010, Giovanni Parodi (coord.),
   Marianne Peronard y Romualdo Ibáñez

© De esta edición:
   2010, Santillana Ediciones Generales, S. L.
   Torrelaguna, 60. 28043 Madrid
   Teléfono 91 744 90 60
   Telefax 91 744 90 93
   www.aguilar.es
   aguilar@santillana.es

Diseño de cubierta: Txomin Arrieta

Primera edición: febrero de 2010

ISBN: 978-84-03-10088-6
Depósito legal: M-2.025-2010
Impreso en España por Unigraf, S. L. (Móstoles, Madrid)
Printed in Spain

A Juani, Carolina y Hugo

Índice

Introducción

Saber leer y aprender a partir de los textos escritos es, sin duda, una paradoja en nuestra sociedad actual. A pesar de que suponemos que la educación formal escolar, cada día con mayor cobertura en muchos países del mundo, podría asegurar un debido proceso de instrucción y aprendizaje de la lectura, bien sabemos que el asunto no es tal. Incluso a pesar de la masificación de la comunicación escrita, no existe certeza de que los lectores lean y comprendan de forma cabal la información que circula con mayor democratización a través de los diversos formatos digitales. Y es justamente allí donde reside la paradoja.

Saber leer se ha vuelto una habilidad fundamental en la cultura letrada actual y en el mundo globalizado contemporáneo. Los nuevos formatos digitales, entonces, imponen nuevos modos de leer y desafían al lector a participar de nuevos planes estratégicos, en donde su protagonismo como interactuante con el escritor —a través de la virtualidad— adquiere relevancias insospechadas.

Desde este escenario, *Saber leer* se proyecta como una obra orientada a un público amplio, constituido principalmente por personas interesadas en los procesos de lectura, comprensión y aprendizaje. El marco que sustenta nuestra aproximación a la lectura corresponde a la lingüística contemporánea y, por ello, nuestra perspectiva es psicosociolingüística. Psicológica, por cuanto consideramos la comprensión como producto de procesos mentales estratégicos; social, por cuanto consideramos el contexto cultural y situacional que determina la diversidad de textos; lingüística, puesto que aquello que pretendemos que los lectores enfrenten son actos de comunicación mediante la modalidad escrita de la lengua, esto es, textos escritos. Esto quiere decir que buscamos aclarar algunos núcleos temáticos relevantes y atingentes a los procesos de decodificación, es decir, la relación entre sonidos y letras, pero sobre todo concentra la atención en las características del texto escrito, los rasgos y habilidades del lector y los procesos implicados en la construcción activa de los significados implicados en lo leído. Especial tratamiento se brinda a las estrategias de lectura y ellas se ejemplifican a partir de textos diversos de extensión breve, tanto en la perspectiva monomodal como multimodal (con gráficos, figuras, imágenes, etcétera). También un foco importante lo constituye «leer y aprender», en especial distinguiéndolo, por ejemplo, de un eje fundamental como «leer y memorizar».

Saber leer nace como un libro que busca ayudar, por una parte, a divulgar —por medio de un lenguaje no especializado pero con apoyo y rigor científico— lo que significa leer con pericia como lo hace un lector experto. También intenta ayudar a aclarar con precisión algunos núcleos conceptuales fundamentales para el desarrollo de esta habilidad. Así, *Saber leer* se constituye en un texto de consulta para interesados en mejorar sus habilidades lectoras y también para quienes buscan información inicial acerca de los procesos involucrados en el acto de lectura. Del mismo modo, este libro aborda las relaciones entre lectura y los diversos tipos de textos escritos no sólo verbales sino multimodales y pone acento en las variedades de géneros discursivos a nivel universitario como profesional en algunas disciplinas del saber especializado.

De modo particular, se pretende hacer un esfuerzo por evitar el uso de términos excesivamente especializados y, de hacerlo, se acompañarán de definiciones simples, diagramas y ejemplos ilustrativos. Estos ejemplos y aplicaciones tratan de mantener siempre presente la unidad en la diversidad que caracteriza nuestra lengua, evitando los localismos, tanto americanos como peninsulares.

Ahora bien, de modo más preciso, el capítulo I se articula como un eje introductorio en el que se revisan inicialmente muchos de los temas que se profundizarán en los capítulos siguientes. No obstante, como una aproximación primera, se pone especial énfasis en explorar las variadas y amplias concepciones subyacentes al término *leer*. También se entregan herramientas para comprender que la lectura, a diferencia de la oralidad, no viene codificada de modo genético en la especie humana y que, por tanto, debe ser enseñada y aprendida en contextos formales. Esto no quiere decir que la lengua oral no requiera de entrenamiento y apoyo para su total desarrollo, sino que —dado que no todo ser humano normal desarrolla espontáneamente la modalidad escrita de la lengua— es necesario en los pueblos que sí cuentan con escritura implementar sistemas educativos que la desarrollen y afiancen.

De forma seguida y complementaria, el capítulo II aborda el concepto de texto y de género así como los objetivos de lectura por parte del lector. Especial énfasis se ha puesto en acercar al lector de este libro a una rica mirada de las concepciones de texto, separándolo de la oración como constructo gramatical y científico e incrustándolo en otro concepto algo más sociocomunicativo como es el de género discursivo. El principio de unidad semántica como actualización material de naturaleza lingüística de una intención comunicativa es el que enmarca este capítulo. Desde esta óptica, se revisan diversos modos de organización del texto y ciertas formas estructuradoras de la presentación de la información en el texto.

En el capítulo III describimos una serie de estrategias de lectura en cuanto procedimientos que pueden servir para que un lector centre su atención en determinada información textual y logre desarrollar mejores procesos de lectura y comprensión. Estas sugerencias estratégicas no constituyen recetas ni pasos infalibles, pues las estrategias mismas —por definición— son personales y típicas de cada lector que enfrenta un texto escrito y que está motivado por objetivos particulares de lectura. Ellas constituyen decisiones individuales que cada lector desarrolla a lo largo de su vida en su progresivo proceso de enfrentar y leer textos en contextos y situaciones diversas con demandas variables. En este marco, el capítulo III presenta una variedad de posibles contextos en los que un lector puede poner en juego estrategias de lectura que lo lleven a resolver problemas puntuales. Así, pasamos revista a textos puramente verbales hasta llegar a los llamados textos multimodales, en los cuales se conjuga información verbal pero también información gráfica, como por ejemplo, dibujos, tablas, diagramas, etcétera.

Siguiendo esta línea desde el texto hacia las estrategias, llegamos a un núcleo central de la lectura y una de sus funciones muy relevantes en el mundo contemporáneo, esto es, leer para aprender a partir de los textos escritos. De este modo, el capítulo IV se articula como una espiral en que de manera secuencial se desencadenan algunos pares de conceptos fundamentales tales como: *lectura y aprendizaje, lectura y memoria, y lectura y comunicabilidad de lo leído*. Posteriormente, se ofrecen algunas pistas para llegar a ser un lector estratégico mediante el desarrollo de un pensamiento crítico a través de la lectura activa e interactiva. En la parte final del capítulo nos concentramos en la lectura y el aprendizaje, pero ahora en lo que respecta a textos digitales en la red de redes, es decir, textos en páginas electrónicas. Un aspecto interesante que emerge de estas reflexiones es el nuevo protagonismo del lector en la lectura en pantalla de ordenador. Una constante de este capítulo, así como de todos los otros, es que en cada paso se presentan y comentan textos que sirven de ejemplos ilustrativos del concepto o estrategias analizadas, de modo que la lectura se hace más fluida y didáctica y, por ende, menos abstracta.

Si saber leer se hace una cuestión relevante hoy en día, alcanzar a construir aprendizajes de calidad y perdurables en el tiempo constituye otro eslabón singular dentro de esta cadena de procesamientos del texto escrito. Sin embargo, es también importante familiarizar a los lectores con ejemplares de los textos que eventualmente pueden encontrar en su vida académica y en el mundo profesional o laboral. Consideramos interesante ejemplificar la enorme riqueza de los denominados géneros discursivos como constructos cognitivos, lingüísticos y sociales que permiten a los seres humanos interactuar y construir relaciones sociales, afectivas y, sobre todo, académicas y laborales, poniendo de relieve la importancia de las disciplinas científicas y su estrecha vinculación con los textos escritos como mecanismos de acceso al conocimiento especializado hoy en día tan valorado. En este vértice de importantes variables, en el capítulo V ofrecemos una aproximación preliminar a la diversidad de géneros discursivos que se generan en la comunicación escrita, sobre todo académica y profesional a partir de cuatro disciplinas; todo ello con base en los textos del *Corpus PUCV-2006*. Para cumplir este objetivo, se definen y ejemplifican veintiocho géneros especializados.

Cerramos el libro con un apartado que no hemos querido nombrar como capítulo debido —en parte— a su corta extensión y a su carácter más bien de reflexión final y análisis de lo comprometido y lo efectivamente alcanzado en este libro.

Por último, hemos creído necesario ofrecer una lista de referencias bibliográficas a modo de complemento y camino exploratorio para aquellos lectores que deseen profundizar algunos de los temas abordados en este volumen. Ellas se entregan mediante organización alfabética con el fin de no jerarquizar preferencias o sugerencias. También hemos realizado un esfuerzo por mantener mayoritariamente fuentes bibliográficas en lengua castellana.

Ahora bien, en un terreno más personal, debo señalar que este libro se constituye en una pieza única en su génesis y desarrollo, y así será por siempre dentro de la Escuela Lingüística de Valparaíso (ELV) de la Pontificia Universidad Católica de Valparaíso, Chile. En él se hace carne uno de los objetivos centrales de la academia: la relación maestro-discípulo. Marianne-Giovanni-Romualdo constituyen una doble conexión encadenada entre maestra-discípulo-maestro-discípulo. Es única porque no habrá otra que involucre a una de las fundadoras de la ELV y de la psicolingüística en Chile y dos de sus discípulos, pero a la vez entre Giovanni y Romualdo también existe una relación maestro-discípulo.

Así, siendo soñadores pero con los ojos bien abiertos, el mito clásico se hace fuerte y se transmite la antorcha. La lectura nos ha unido a los tres como eje articulatorio en la investigación, pero —al mismo tiempo— nos ha hecho encontrarnos en los sentimientos humanos más fuertes. Los maravillosos momentos que este libro nos ha regalado son un baluarte en nuestras vidas. Y se han construido como una magnífica excusa para pasar muchas horas conversando, discutiendo y haciendo ciencia en torno a uno de nuestros máximos intereses científicos y apasionantes enclaves de investigación: la lectura y los textos escritos. Hemos intentado poner en este libro nuestros esfuerzos y creatividad para transmitir a una audiencia amplia algunas ideas centrales acerca de saber leer y saber aprender a partir de los textos escritos.

Esperamos que nuestra empresa sea digna de tan magníficos lectores.

Giovanni Parodi
Coordinador
Valparaíso, Chile, octubre de 2009

Agradecimientos

Saber leer también implica saber reconocer y agradecer. Y si éste es un libro acerca de la lengua escrita, nada mejor que dejar estas expresiones perpetuadas en papel.

Todo libro, aunque a veces el o los autores no deseen reconocerlo, debe gran parte de su estado final a una red de colaboradores. Pensar lo contrario sería una muestra de egocentrismo y audacia. Es muy cierto que existen obras más personales que otras y en las cuales el rol de un escritor único ha estado muy en el centro de la acción. Pero también es cierto que como individuos sociales, inmersos en un contexto y en una cultura, siempre debemos a otros gran parte de lo que somos.

Este libro es prueba de lo señalado al inicio del párrafo anterior, es decir, nos debemos a un grupo, a un colectivo y a una magnífica red de amigos, colegas, parientes y colaboradores. Pero sobre todo debemos agradecer a nuestras parejas en el amor: Juani, Carolina y Hugo, quienes con tremenda generosidad nos comparten con un segundo amor, como es el desarrollo de la ciencia y su divulgación.

Por supuesto que los responsables de cada palabra y del texto total somos cada uno de nosotros y los tres al mismo tiempo. Como un todo, nosotros, los tres autores, nos hacemos cargo de lo aquí dicho: de lo posiblemente bueno, pero también de los errores o faltas.

Juani Ambel, Carolina Herrera, Hugo Tampier, Pilar Morán, Carolina Aguilera, Waldo Carvallo, Marco Molina, Alejandro Córdoba, Iván Jara, Karime Parodi y Mailén Parodi han sido todos actores relevantes en la lectura crítica de partes del texto y en aportes de diversa índole en el proceso de gestación.

Especial mención merece nuestro asistente de investigación, Pablo Malverde. Las innumerables tareas logísticas de Pablo están en la base de muchos de los capítulos de este libro. Del mismo modo, las ideas expresadas en palabras posiblemente no se transmitirían con mejor claridad de no ser por el apoyo constante y muy comprometido de Pablo Malverde en el diseño de las figuras y cuadros.

I

¿Qué es saber leer?

¿Por qué existen buenos y malos lectores? ¿En qué factor reside el hecho de que algunas personas disfruten de la lectura y otras la detesten? ¿Por qué algunos lectores leen y aprenden con mucha rapidez, mientras otros nunca logran alcanzar un nivel mínimo de comprensión? ¿Es la lectura una habilidad innata en la especie humana? ¿Es posible transformarse en un lector experto? Si es así, ¿una vez que se logre ese grado de destreza no se pierde a lo largo de la vida y se aplica a todos los géneros discursivos?

Muchas o todas estas preguntas, y seguramente unas cuantas más, han rondado las reflexiones de, entre otros, padres y apoderados, directores de colegios o liceos, alumnos, profesores, gobernantes. La lectura en el mundo actual despierta una increíble cantidad de interrogantes y se presenta como un problema del cual existe preocupación a varios niveles y jerarquías sociales, culturales e ideológicas. Prueba de ello es que hasta se haya llegado a acuñar la expresión «el factor económico de la lectura». Se habla de la lectura como un medio de acceso democrático a la información y al conocimiento y, por ende, a la libertad e independencia; también se dice que pueblos y Estados con mayores niveles lectores conllevan a sociedades más desarrolladas desde el punto de vista económico. Ciertamente todo ello y más está involucrado en *saber leer* y *saber leer y aprender* a partir de los textos escritos. Este libro no busca abordar todas estas cuestiones con las que hemos abierto este capítulo ni tampoco intenta discutir acerca del «factor económico de la lectura». Este libro sí busca responder las preguntas que se presentan más arriba, pues sí nos interesa dilucidar algunas cuestiones y apoyar el desarrollo de mejores y más eficientes lectores. Cabe destacar que muchas de estas preguntas no serán abordadas explícitamente, pero el lector podrá encontrar pistas en uno y otro de los capítulos del volumen.

Ahora bien, de modo muy preciso, en este primer capítulo de carácter introductorio, se persigue un doble objetivo. El primero es presentar al lector una serie de conceptos relacionados con el término *leer*, que no siempre conoce un lector no especializado. Para ello, en un comienzo, recurriremos a las acepciones que se incluyen en el *Diccionario de la Real Academia Española*, en su última edición (2001). Con el fin de ordenar estas ideas, diferenciamos entre los aspectos pertinentes al sujeto lector y sus capacidades y procesos mentales, para posteriormente comentar aspectos relacionados con el objeto leído: el texto. Para esto último, nos limitamos a la lectura de la lengua escrita, dejando de lado las otras acepciones del verbo *leer*.

El segundo propósito de este capítulo es introducir al lector —de modo breve— en algunos aspectos fundamentales que serán desarrollados en los siguientes capítulos. Entre ellos, el concepto de texto, tanto desde el punto de vista propiamente lingüístico como desde la perspectiva psicosociolingüística, las diversas motivaciones de un sujeto para leer y algunos conceptos centrales para comprender los procesos de adquisición/aprendizaje de la lectura. En el apartado final, centramos nuestra atención en el efecto que sobre la lectura han tenido las modernas innovaciones tecnológicas, con lo que se vuelve, en cierta forma, a recoger algunas de las acepciones del *DRAE* abordadas en este capítulo.

ALGUNOS ALCANCES DEL CONCEPTO 'LEER'

A primera vista, pudiera parecer que la pregunta que titula este capítulo es inoficiosa, pues todas las personas que han cursado la educación escolar primaria saben lo que es leer. Sin embargo, es posible que nunca se hayan detenido a analizar todos los usos que ellos mismos hacen de esta palabra tan común. Se leen libros, cartas, diarios, pero también las notas musicales de una partitura, mapas para guiarnos en los viajes, discursos que hemos escrito para leerlos en público, estados de ánimo de las personas a través de sus posturas corporales y gestos; incluso existen quienes leen las cartas del tarot, las hojas del té y hasta las líneas de la palma de las manos.

De hecho, *leer* corresponde a un concepto más amplio de lo que se pudiera pensar en un primer momento. Para comprobarlo, veamos las definiciones que el *Diccionario de la Real Academia Española* (2001: 1359) incluye bajo el término *leer*:

1. Pasar la vista por lo escrito o impreso comprendiendo la significación de los caracteres empleados. ||

2. Comprender el sentido de cualquier otro tipo de representación gráfica. *Leer la hora, una partitura, un mapa*. ||

3. Entender o interpretar un texto de determinado modo. ||

4. En las oposiciones y otros ejercicios literarios, decir en público el discurso llamado lección. ||

5. Descubrir por indicios los sentimientos o pensamientos de alguien, o algo que ha hecho o le ha sucedido. *Puede leerse la tristeza en su rostro. Me has leído mis pensamientos. Leo en tus ojos que mientes*. ||

6. Adivinar algo oculto mediante prácticas esotéricas. *Leer el futuro en las cartas, en las líneas de la mano, en una bola de cristal*. ||

Algunas de estas acepciones pudieran parecer curiosas, pero basta buscar un par de ejemplos de su uso en nuestro propio saber acerca del castellano para reconocer que efectivamente empleamos la palabra *leer* en esas circunstancias. La primera, «pasar la vista por lo escrito comprendiendo la significación de los caracteres», es tal vez la más familiar, pues en culturas alfabetizadas se está continuamente leyendo cartas, avisos, chistes, cuentos, novelas. Sin embargo, aunque no tengamos conciencia de ello, igual de frecuente, o tal vez más, es leer la cara de las personas que nos rodean para descubrir cómo están reaccionando ante nuestros actos o palabras. La habilidad para leer de forma adecuada los estados de ánimo de otras personas suele denominarse «inteligencia social», ya que constituye un factor importante en todas las culturas para interactuar positiva y colaborativamente en sociedad.

Habiendo reconocido que en estas diversas situaciones, efectivamente, utilizamos el verbo *leer*, resulta interesante detenernos en estas definiciones a fin de detectar la base de sus similitudes y diferencias. Así, un somero análisis permite comprobar que las fuentes de sus diferencias son dos: por una parte, difieren en cuanto a los procesos mentales y rasgos del sujeto y, por otra, a ciertas características del objeto leído.

El sujeto lector: características y procesos mentales

La diversidad de los procesos mentales implicados en la palabra *leer* se expresa en estas definiciones mediante el uso de distintos verbos: «comprender» en los dos primeros; «entender» e «interpretar» en la tercera acepción; «decir», en la cuarta; «descubrir» en la siguiente y «adivinar» en la última. En las tres primeras acepciones («pasar la vista por lo escrito o impreso comprendiendo la significación de los caracteres empleados»; «comprender el sentido de cualquier otro tipo de representación gráfica»; «entender o interpretar un texto de determinado modo») encontramos los verbos «comprender» y «entender». En nuestra vida cotidiana solemos usar ambos verbos para indicar que alguien capta el sentido de algo visto u oído: «No entiendo por qué mi amigo no me quiere hablar»; «No comprendo su actitud». En otras palabras, ambos verbos se pueden considerar sinónimos, ya que se pueden sustituir mutuamente en una oración sin que por ello se altere su significado.

Por otra parte, el verbo «interpretar», a pesar de aparecer como sinónimo en la tercera acepción, es usado la mayoría de las veces en un sentido un tanto diferente, apuntando a un proceso más complejo, más personal. Esto es lo que hace posible que una misma situación —percibida directamente o a través de su descripción por medio del lenguaje escrito— pueda ser interpretada por diversas personas de distinta manera, según la perspectiva, los intereses y los supuestos desde los que se producen o se perciben. Por ejemplo, un marido pregunta: «¿Qué hace este libro aquí?», indicando a un libro que está en la cocina. Y su mujer interpreta esa pregunta como un reproche ante su supuesto desorden, mientras que el hombre sólo quería saber, de forma legítima, la razón para esa inusual ubicación. Incluso parece que este carácter de subjetividad implica que el que percibe la situación, en este caso la mujer, puede agregar algo que no está propiamente en la situación (ella recuerda que a su marido le molesta su falta de preocupación por el orden). Este rasgo lo volveremos a tratar más adelante, de modo específico, en el apartado acerca del texto y el contexto.

Diferente es el significado de «descubrir», ya que existe acuerdo en que implica un proceso más objetivo gracias al cual se percibe algo que existe con anterioridad: se descubre un tesoro, una nueva especie de ave, un nuevo continente. Lo descubierto existía como una realidad aparte del sujeto, sólo que éste no sabía de su existencia o de su ubicación antes de encontrarlo. Este proceso no parece estar fuertemente asociado a la palabra *leer*; sin embargo, el *DRAE* aclara que se trata de descubrir por indicios los sentimientos o pensamientos de alguien, o algo que ha hecho o le ha sucedido. (Por ejemplo: «Puede leerse la tristeza en su rostro». «Me has leído mis pensamientos». «Leo en tus ojos que mientes»). Por su parte, el uso del término «indicios» le da un nuevo significado a «descubrir» puesto que *indicio* es, según el *DRAE* (2001:1359), un «fenómeno que permite conocer o inferir otro no percibido». En consecuencia, esta operación exige hacer el esfuerzo mental de deducir algo de otra cosa que se transforma entonces en una especie de signo.

El verbo «decir» («en las oposiciones y otros ejercicios literarios, decir en público el discurso llamado lección») pareciera ser totalmente diferente y no corresponder al mismo campo semántico, puesto que el proceso, en apariencia, es de carácter mecánico y no necesariamente mental. En efecto, «decir» parece corresponder a la producción de sonidos correspondientes a la lengua oral. Sin embargo, en este contexto significa «leer en voz alta», de modo que el objeto resulta ser, en último término, también la lengua escrita, aun cuando la situación descrita en la acepción es muy específica y resulta evidente que cualquier texto escrito se puede «decir».

Por último, el verbo «adivinar» pareciera ser el menos objetivo de los procesos en la serie de definiciones: «Adivinar algo oculto mediante prácticas esotéricas. *Leer el futuro en las cartas, en las líneas de la mano, en una bola de cristal*». Ello debido a que el supuesto resultado es de carácter fuertemente imaginativo, apenas apoyado en la realidad externa; en otras palabras, se basa en conjeturas e, incluso, en ideas preconcebidas que no tienen apoyo en la realidad, pues no se obtiene evidencia de sus resultados.

Cabe hacer aquí un breve pero importante comentario: si bien en los significados del verbo *leer* señalados en el *DRAE* el sentido mediante el cual percibimos los signos es siempre la vista, quien carece de este sentido, es decir, un ciego, usa otro sentido, el tacto, para «leer» los signos que están en alfabeto braille. Así, de cualquier modo, todos estos procesos mentales descansan en una capacidad definitoria del ser humano, que es su capacidad de trascender lo percibido más allá de su materialidad, es decir, su capacidad simbólica.

Hasta aquí, hemos destacado algunos de los rasgos que diferencian los procesos mentales expresados mediante los verbos utilizados por las definiciones propuestas por el *DRAE* y, con ello, parte de los significados de la palabra *leer*. Cabe ahora preguntarse qué tienen en común estos procesos para que justifiquen el empleo de una misma palabra en todas estas situaciones. Un análisis más cuidadoso permite advertir que en todos los casos lo leído es un signo, es decir, algo que apunta a otra cosa que no es el signo mismo.

Ahora bien, la lectura, o sea, el acto de leer, debe ser entendido como la culminación de la capacidad que tiene el ser humano de usar signos para comunicarse y de intercambiar información con sus congéneres, en otras palabras, de vivir en comunidad, trascendiendo lo inmediato. Esta aptitud simbólica general a que aludimos es innata en el ser humano y consiste en la capacidad para usar signos, es decir, asociar algo percibido en un momento dado con otra cosa no percibida. Los signos han sido definidos de distinto modo en diversas ciencias, pero todas ellas coinciden en que un signo tiene, al menos, dos partes o «caras» —como las de las monedas— relacionadas entre sí: una corresponde a aquello que se ve y una segunda a lo que significa (el significado).

Como dijimos anteriormente, la capacidad simbólica del ser humano, es decir, de partir de lo que se percibe para ir más allá y trascender el mundo concreto que nos rodea, es específica de la especie. Sin embargo, su desarrollo depende de que viva en sociedad debido a que se debe aprender del entorno la relación arbitraria entre conceptos y palabras.

Funcionamiento biológico del sujeto lector

Tal como comentamos brevemente más arriba, para leer es necesario estar en condiciones de ver, esto es, tener el sentido de la vista. Pero, si bien esto es indispensable, existe una condición más fundamental: es necesario tener un cerebro que permita al lector ser capaz de leer. En efecto, el cerebro humano contiene un conjunto de neuronas especializadas de las que, ante determinados estímulos, crecen ciertas prolongaciones filiformes, denominadas *axones*. Estas neuronas se conectan entre sí mediante las llamadas *sinapsis,* formando estructuras específicas para cada estímulo.

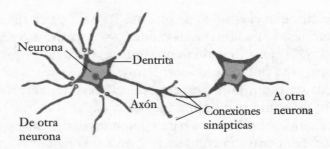

Figura 1. Las neuronas y los recuerdos.

Estas conexiones, aunque en permanente actividad, se pueden mantener en el tiempo, conformando lo que llamamos *recuerdos*. Estas estructuras o configuraciones pueden volver a activarse, en ocasiones por un esfuerzo consciente para recordar algo. Es un hecho que la capacidad de comprender y producir signos, sobre todo escritos, va aumentando con la edad del sujeto. Esto se explica al entender que leer un signo requiere «reconocerlo», lo que implica haberlo conocido previamente. Si aceptamos que la adquisición de conocimiento impacta nuestro cerebro alterando las configuraciones neuronales que lo representan en nuestra mente, en el caso de los signos esta representación debe incluir el concepto, la palabra y la asociación entre ambos. Sólo así será posible que esa configuración se active ante la percepción de algo similar a lo visto originalmente y se realice lo que hemos denominado *reconocimiento*.

De lo anterior se desprende la necesidad de aceptar el carácter evolutivo de la capacidad de usar signos, pues es el resultado, por una parte, del hecho de que el conocimiento previo del sujeto es progresivamente más amplio y complejo y, por otra, de que sus procesos mentales son cada vez más afinados y abstractos. Por ejemplo, cuando un niño pequeño ve por primera vez un biberón, no puede saber lo que es y, por lo tanto, no lo asocia a nada, no le asigna ningún significado; sin embargo, su mente ha registrado lo percibido y por ello está en condiciones de reconocer el biberón la próxima vez que lo vea y asociarlo a la pronta llegada de su alimento. Igual cosa sucede cuando la madre dice, mostrándoselo: «papa», que en un comienzo no es sino una secuencia de sonidos que el niño no asocia a nada pero que, más adelante, podrá asociar a dicho alimento.

Esta descripción resulta excesivamente simplificada, puesto que, como veremos más adelante, en la realidad se necesitarán varias experiencias con el biberón en diversos contextos y desde diversas perspectivas antes de que su representación mental se haga más abstracta y se consolide, es decir, se guarde en la memoria de largo plazo y su recuerdo se pueda utilizar durante el proceso de reconocimiento del mismo objeto en todo momento y situación. Concebido de la manera descrita, en el uso de los signos interviene de forma crítica el proceso de reconocimiento, el cual es posible gracias a la capacidad del cerebro de consolidar ciertas impresiones (guardar en la memoria) que pueden ser evocadas posteriormente para reconocer lo percibido.

El sistema de memorias del sujeto

Ya hemos mencionado que para asignar valor de signo a algo es necesario guardar en la memoria tanto la representación de la palabra como la del concepto que describe. Resulta conveniente, para una mejor comprensión de lo dicho, describir —lo más brevemente posible— cómo se ha concebido hoy esta gran función del cerebro. En efecto, es importante, pues su evolución ha contribuido —entre otros factores— a que el ser humano haya podido desarrollar el sistema de comunicación que denominamos lenguaje, por no mencionar el desarrollo de la ciencia y de la tecnología.

Como bien se sabe hoy en día, los seres humanos tenemos un cerebro constituido por millones de neuronas que se relacionan entre sí formando redes neuronales que, a su vez, están organizadas en marcos o esquemas. Cada recuerdo corresponde a una de estas redes. Para describir estos procesos de memoria se ha recurrido a proponer diversos tipos de memorias.

En los primeros modelos de memoria, centrados en el hecho evidente de que podemos guardar información por periodos diversos, se hablaba de «almacenes» de memoria de modo que la información «pasaba» de un almacén a otro. La memoria más breve, la memoria sensorial, permitiría guardar por alrededor de un segundo o menos las imágenes sensoriales visuales, acústicas, etcétera. Esta memoria es la que permite, por ejemplo, ver una película como movimiento cuando, en realidad, no es sino una sucesión de fotografías estáticas. La memoria de corto plazo, como su nombre lo indica, mantiene la información por un periodo de algunos segundos, pero se puede prolongar ese tiempo manteniendo la información en los *buffers* o retenes, mediante algunas estrategias mnemónicas, como repetir en voz alta un número telefónico después de ubicarlo en la guía telefónica hasta llegar al teléfono y marcarlo en el aparato. Por último, de acuerdo a dichos modelos, existe una memoria de largo plazo en la que podríamos guardar una información toda la vida.

Posteriormente, a medida que se profundizaban los estudios psicolingüísticos, se planteó una distinción entre *memoria semántica* y *memoria episódica*. La primera sería aquella en la que guardamos el conocimiento general: conceptos e ideas, adquiridos y organizados en marcos y asociados a los signos lingüísticos con los cuales los expresamos. La segunda contendría los recuerdos correspondientes a situaciones vividas por nosotros mismos, por lo general teñidos de afectividad, positiva o negativa. Lo único que podemos hacer con estos recuerdos es evocarlos. Pero existe una diferencia entre ellos: los semánticos son relativamente estables, en cambio los de la memoria episódica son alterados cada vez que los traemos a la conciencia.

Hoy en día se prefiere describir la memoria como un sistema complejo capaz de realizar variadas funciones, las cuales no siempre se ubican en zonas determinadas del cerebro, con lo que se ha superado la primera idea de multialmacén. Por otra parte, si bien el cerebro puede almacenar grandes cantidades de información por tiempo indefinido, no todo lo que se percibe es almacenado. Existe una consolidación de aquello que deseamos guardar o, dicho de otro modo, no se consolida aquella parte de lo percibido que no deseamos recordar posteriormente por carecer de importancia desde nuestro punto de vista.

También es cierto que no podemos recordar parte de lo consolidado. La experiencia del olvido es algo que todos los seres humanos conocemos muy bien. En este sentido, se puede distinguir entre el olvido pasivo y el olvido activo.

Hoy en día existe acuerdo en que la función de recordar se realiza en la denominada *memoria operativa* (antiguo almacén de corto plazo) y que en la actualidad se concibe más bien como una función del cerebro realizada por el conjunto de neuronas que se han activado en un momento dado, llevando las representaciones respectivas a la conciencia (la mayor parte de las veces en forma automática). Esta activación nos permite comparar la representación mental con la información proveniente del exterior y así reconocer esta última. La memoria operativa o funcional no sólo permite esta función de reconocimiento; en realidad, existe una serie de procesos cognitivos que podemos llevar a cabo gracias a esta memoria (integrar, comparar, generalizar, inferir) y, sobre todo, seleccionar la información que queremos integrar a la que se encuentra previamente en la memoria de largo plazo y, de este modo, enriquecer o modificar nuestro conocimiento previo.

Por lo dicho hasta aquí pudiera pensarse que el uso de los signos requiere siempre los mismos procesos mentales y es siempre homogéneo. Sin embargo, es necesario advertir que eso no es así. Como veremos a continuación, este proceso varía tanto por las características del signo como por las del sujeto (su conocimiento previo y su motivación para usar los signos). Se debe reconocer que entre las capacidades comunes a todos los seres humanos está la de asignarle valor de signo a prácticamente cualquier cosa, pero su reconocimiento y uso varían de forma considerable de una situación a otra. Existe aún otra capacidad común a todos los seres humanos normales, aunque puede variar en intensidad y duración: la atención.

La capacidad de atención del sujeto lector

El ser humano nace no sólo con la capacidad potencial de usar signos y trascender el aquí y el ahora de la experiencia concreta. Trae, además, la capacidad de la atención selectiva, proceso mental fundamental para aprender a usar signos: aquello a lo que no prestamos atención difícilmente queda en nuestra memoria. Esta capacidad va cambiando con la edad. En los primeros meses o años del sujeto, este proceso se activa motivado por los acontecimientos desde el exterior, por lo «llamativo» que sucede a su alrededor, aquello que «llama» su atención. Luego, poco a poco, el sujeto aumenta su capacidad de controlar esta concentración en un elemento de su entorno y «dirigir» voluntariamente su atención hacia aquello que desea atender en un momento dado. Esta capacidad innata sufre otros cambios a lo largo de la evolución del sujeto: aumenta el tiempo en que puede mantener su atención sin distraerse. Este lapso depende no sólo de la edad del sujeto sino también de ciertas características personales: hay personas capaces de gran concentración por largos periodos, mientras que otras personas se distraen muy rápidamente.

Como se señaló con anterioridad, sea cual sea el tipo de signo —percibido por la vista, por el oído o, incluso, por el tacto—, no sólo se debe poner atención en el significante para reconocerlo, sino que también es necesario haber puesto atención en aquello a lo que apunta (directamente o mediado por las palabras) para incorporar la asociación entre ambos a nuestro conocimiento previo. Un niño que no ha prestado atención al ceño fruncido de su padre y no lo ha asociado a un sentimiento de enojo, o un adulto que nunca ha tenido experiencias o leído acerca de, por ejemplo, los *apostemas* no puede asignarle ningún significado a ese gesto o esa palabra cuando la oye o la lee.

La capacidad de abstracción del sujeto lector

Ahora bien, un significado es, entre otras cosas, aquel objeto o acción que el signo evoca. Evocar, a su vez, es activar —consciente o inconscientemente— las configuraciones neuronales que en la mente representan un recuerdo. Es obvio que no podemos recordar los objetos materiales o acciones concretas en sí mismas, puesto que no podemos guardarlas en la cabeza. Como ya señalamos al hablar de la memoria, lo que almacenamos en la mente no son estas cosas y situaciones materiales, sino sus imágenes, que serán auditivas si la cosa o situación ha sido oída, visuales si ha sido vista, táctiles si ha sido conocida a través del tacto, olfativas si la hemos olido, etcétera. Con todas estas imágenes formamos un *concepto*, que es una idea abstracta (de pocos detalles) que nos permite reconocer muchas variadas formas concretas y asociarlas con la palabra que en nuestra cultura le corresponde.

Por fortuna nuestra mente es bastante imprecisa y nuestras ideas y conceptos no siempre se diferencian claramente entre sí, es decir, nuestras categorías mentales son difusas. Así, por ejemplo, un niño pequeño que sólo ha visto a su perro tiene una imagen de un perro muy detallada, pero luego, al ver muchos otros perros, puede percibir que lo que tienen en común es su forma un tanto alargada y con cuatro patas. Más adelante en su desarrollo, al ir por el campo y divisar a lo lejos una vaca o un caballo, puede asociar ambos con una misma imagen visual y acústica y llamar a ambos «guau». Posteriormente, aprenderá a diferenciar el perro del caballo de modo que la imagen sencilla de un caballo podrá ahora hacerse más compleja y, por ello, diferenciarse de la imagen, por ejemplo, de una cebra, una vaca o cualquier otro cuadrúpedo. En otras palabras, las imágenes mentales de los niños son

31

primero muy simples y abarcadoras, para luego entrar a un proceso de especificación creciente.

En lo que sigue nos centramos en la lectura del sistema de signos que corresponden al lenguaje desde una perspectiva evolutiva.

La capacidad del sujeto lector para comparar y relacionar

Otros procesos cognitivos que se ponen en juego para leer textos escritos se basan en dos capacidades inherentes al ser humano. La primera —posiblemente compartida por algunos animales superiores— es la de establecer comparaciones, detectando semejanzas y diferencias. Esta capacidad subyace en el proceso ya mencionado de reconocer lo que nos rodea y construir conceptos cada vez más abstractos y, al mismo tiempo, más específicos.

La capacidad de descubrir semejanzas depende de la consolidación de las representaciones mentales de imágenes progresivamente más abstractas. Con posterioridad, y gracias a la mayor abstracción que alcanzan los conceptos almacenados en la memoria del sujeto, es posible no sólo detectar similitudes menos evidentes sensorialmente, sino también establecer diferencias sobre la base de las semejanzas. Existen bromas o refranes muy conocidos que se basan en este hecho: «¿En qué se diferencian un piano y una pulga?». La respuesta, como es evidente, debe ser un tanto absurda, como: «Un perro tiene pulgas, pero un piano no», o tremendamente abstracta, como: «La pulga salta y el piano no». Decimos que esta respuesta sería abstracta porque existen muchas otras cosas que comparten estas características y, por lo mismo, la respuesta transmite muy poca información.

La segunda capacidad innata al ser humano —y, muy posiblemente, específica de nuestra especie— es la de establecer relaciones para darle sentido al mundo en que vivimos. Esta capacidad se manifiesta en los niños que desde muy pequeños pueden relacionar sus experiencias previas a situaciones nuevas, completando con ellas los vacíos o incoherencias aparentes. Así, el establecimiento de relaciones se da junto con las capacidades antes mencionadas de reconocer y de comparar y nuevamente muestra a un ser humano capaz de trascender lo inmediato y concreto que percibe.

A continuación se presenta el siguiente texto, a partir del cual mostramos cómo los lectores hacemos uso de esta capacidad desde pequeños.

El niño ve que su madre siempre que se pone el abrigo sale a pasear (*secuencia temporal*). Un día ve que su madre se pone el abrigo (*reconoce ese acto*). Recuerda la secuencia de hechos y concluye que va a salir a pasear. Se pone a llorar, pues sus experiencias anteriores le permiten saber que así consigue lo que quiere (*causa y efecto*).

Que la madre se ponga el abrigo para permanecer en casa no tendría sentido para él, lo que lo inquietaría y quedaría esperando su salida. Con el tiempo, el niño, apoyado en su capacidad para precisar sus conceptos, haciendo distinciones cada vez más sutiles, aprenderá a distinguir las salidas de la madre y sabrá, por ejemplo, que si es temprano, no conseguirá nada con pedir que lo saquen a pasear pero, si es por la tarde, obtendrá éxito. Probablemente algo asociado a la palabra *trabajo* que el niño no comprende (no tiene ningún concepto acerca de lo que es el trabajo) pero sabe asociarlo a su «no salida con la madre».

Ya mayor, el niño sigue ejerciendo esos procesos mentales, pero ahora su experiencia está almacenada en su memoria asociada a imágenes acústicas de palabras y frases, de modo que cuando la madre dice: «Tengo que irme», el niño podrá replicar: «Yo también» o «Llévame contigo». Cuando el niño aprende a leer, por lo general lo que lee no corresponde a sus propias experiencias sino a experiencias ajenas. Sin embargo, sus propias vivencias, guardadas en forma de imágenes o conceptos (lo que normalmente denominamos *conocimiento de mundo* o *conocimiento previo*), le permiten comprender esas experiencias ajenas, evocando analógicamente las propias. Dicho en forma simple: el niño no sólo puede asignar un significado y, por tanto, comprender lo que percibe cuando reconoce aquello que ve y puede evocar esas imágenes o conceptos que ha guardado en su memoria, también puede hacerlo si únicamente encuentra similitudes con algo que conoce aunque no sea idéntico. Por otra parte, si en sus vivencias no ha conocido nada de algún modo semejante a lo que se expresa en el texto, no lo podrá entender puesto que no podrá construir una representación mental de lo que lee que le ayude para así comprender ese texto y darle sentido.

El siguiente texto es comprensible y coherente para un especialista en física, aun cuando no lo haya leído antes. A pesar de que el texto no contiene muchas palabras desconocidas, nos resulta igualmente difícil expresar con nuestras propias palabras lo que se plantea, es decir, probar que lo hemos comprendido, a menos que sepamos mucho sobre el tema.

Podría uno sentirse tentado a atribuir la estabilidad estadística a la intervención de un poder oculto, diferente de las causas físicas o morales de los sucesos, y que obrará de alguna manera para mantener el orden; pero la teoría muestra que esa permanencia se da necesariamente mientras no cambie la ley de las probabilidades de las causas relativas a cada clase de sujeto.

En cuanto a la última capacidad humana que hemos mencionado, y la más importante, a saber, la capacidad de dar coherencia a su mundo, está al servicio, como ya vimos, de la necesidad del ser humano de darle sentido a todo lo percibido, incluyendo lo que lee. Si no lo encuentra, agrega información obtenida de su conocimiento previo para que lo tenga, es decir, agrega información no presente en la situación o el texto pero necesaria para que éste sea coherente. Veamos un texto cuyo contenido corresponde a un mundo supuestamente más familiar, como un ejemplo de lo que estamos entendiendo por dar coherencia a lo leído.

Los últimos neandertales, nuestros parientes prehistóricos más cercanos, dominaron Eurasia durante casi doscientos mil años bajo una condición climática muy dura. Antes de desaparecer para siempre coexistieron con los humanos modernos, *Homo sapiens*, quienes, tras abandonar África, habían iniciado su expansión por el mundo.

Después de leer este texto es posible contestar las siguientes preguntas, evocando información que es parte de nuestro conocimiento previo acerca de lo que no está explícitamente expresado en el texto.

○ ¿Dónde nació el hombre moderno?
○ ¿Existen actualmente algunos neandertales?
○ ¿Por qué se dice en el texto que la condición climática era dura?

Las primeras dos respuestas se obtienen de información no explícita en el texto pero sí implicada en éste. La primera respuesta es «en África», la cual se logra obtener a partir de la frase «[...] tras abandonar África». La respuesta a la segunda pregunta es «no», puesto que el texto, al referirse a nuestros parientes prehistóricos, dice: «Antes de desaparecer para siempre». La respuesta a la última pregunta se obtiene no de lo expresado en el texto, sino a partir del conocimiento previo que tenemos acerca de la Prehistoria como una época glacial.

En otros casos la coherencia se obtiene sin apoyo de pistas en el texto y basándonos exclusivamente en lo que sabemos del mundo y la cultura en determinados lugares. En este caso, la información incorporada puede variar bastante de un lector a otro. Para entender esto leamos el siguiente texto.

Elena, la dueña de la casa, se asomó por la puerta. En la cocina, la luz estaba encendida; sin embargo, no había nadie en su interior, ni olla alguna en el fuego. En ese momento el reloj del salón dio nueve campanadas; por eso, inquieta recorrió la casa para ver si alguien podía explicarle qué había pasado esa noche.

Si queremos entender cómo se relacionan las campanadas del reloj con la razón de la inquietud de Elena, debemos suponer que ella está acostumbrada a cenar a las nueve de la noche, lo que normalmente exige preparación previa, y que debía de haber alguien encargado de preparar la comida. La inquietud emerge en Elena debido a que a esa hora esperaba estar cenando y no hay indicios de que ello vaya a ocurrir.

Ahora bien, la coherencia, como dijimos con anterioridad, es lo que diferencia un texto de una secuencia de oraciones sueltas y desconectadas. Ella permite darle sentido a lo que se lee y suele manifestarse en el texto mediante ciertas formas lingüísticas que cohesionan las diferentes oraciones. Estas palabras —conjunciones y locuciones adverbiales— son difíciles de aprender para los niños, puesto que sus significados no corresponden a conceptos o ideas referidas al mundo exterior sino a relaciones lógicas o textuales abstractas. Su conocimiento y, por tanto, su reconocimiento y comprensión permite ir tejiendo *mentalmente* el significado del texto, haciéndolo comprensible. En el caso del texto anterior, una marca importante la constituye la locución «por eso». Esta expresión permite al lector conectar las campanadas del reloj (es decir, la hora) con la inquietud de Elena.

Palabras o frases adversativas como *pero, aunque, sin embargo* suelen ayudar a construir al lector no sólo la coherencia, sino, además, alguna actitud o presupuesto del escritor. En el texto anterior, para explicar el uso de «sin embargo», se debe concluir que el escritor quiere decir que si hay luz en una habitación, debe haber personas en su interior y para explicar el «por eso» se debe suponer que para el autor o su personaje las nueve de la noche es hora de ingerir algún alimento previamente cocinado y, por tanto, debiera haber alguien en la cocina preparándolo.

Como se dijo anteriormente, el desarrollo de la capacidad de trascender la realidad que rodea al sujeto, aunque es innata, evoluciona dependiendo del aprendizaje: al nacer, el niño viene genéticamente preparado para aprender, es decir, tiene la capacidad de formar y retener imágenes y conceptos relacionados entre sí, formando estructuras que se van expandiendo gracias a que lo nuevo o lo desconocido se va incorporando a esta estructura al relacionarse con los elementos antes incorporados. Parte de este conocimiento puede ser «evocado», ser traído a la conciencia, para ser usado cuando se lo necesita. Cuanto más firmemente está esa nueva información incorporada a la estructura del conocimiento previo, más fácilmente es evocada. Esta firmeza depende del número de elementos de la estructura cognitiva con el cual se relaciona, en otras palabras, la cantidad de conexiones neuronales que se pueden activar y construir. Todos los seres humanos, cuando se nos olvida algo, realizamos esfuerzos por recordar otras cosas para ver si ello trae a nuestra memoria lo que no podía ser evocado. Si lo que intentamos recordar está relacionado con un único concepto, sólo al evocar éste lograremos recordar el que necesitamos. Si, en cambio, está relacionado con muchos otros, más opciones tendremos para recuperarlo. Esto explica, por ejemplo, la dificultad que a veces experimentamos para recordar nombres propios de personas con las que hemos compartido pocas experiencias que nos permitan relacionarlas con sus nombres.

La mayoría de estas capacidades y características del ser humano, que hemos descrito de forma somera, son requeridas en algún momento durante el acto de leer. Entendemos aquí este acto en el sentido amplio mencionado por el *DRAE*, según el cual lo leído puede ser la lengua escrita, pero también —entre otras— las expresiones faciales, el estado del cielo, la música y las cartas del tarot. Lo esencial es que lo visto permita al lector relacionarlo con otra cosa, es decir, trascender su materialidad; dicho en otras palabras, que el lector logre descubrir o interpretar en lo leído su carácter de signo.

Las características de los signos y la lectura

Tal como se desprende de lo dicho hasta ahora, un signo es un ente de doble naturaleza, aquello que el sujeto percibe y aquello que él relaciona consciente o inconscientemente con lo anterior (significado). La naturaleza de la asociación entre estas dos entidades es diferente en los distintos signos. En términos muy generales, se suelen distinguir dos tipos de relaciones: relación natural o motivada y relación convencional y arbitraria.

La relación natural puede deberse a:

a) cierta *similitud física* entre el significado y el significante, en cuyo caso hablamos de signos «icónicos», como en el caso de pinturas religiosas, mapas, pinturas rupestres, termómetro, señales de tráfico;

b) una relación de *parte al todo*, que algunos especialistas han denominado «indicios», como la mano de la muñeca bajo el sillón que le significa al observador que el resto de la muñeca está allí; las puntas de unos zapatos debajo de una cortina que se asocia con el hecho de que ahí hay una persona; o como un ceño fruncido puede indicar a una persona que una broma no fue entendida y que molestó a su interlocutor;

c) una relación de *causa y efecto*, como es el caso en que ciertos nubarrones anuncian lluvia; o la llamada «carne de gallina» se entiende como efecto del frío que está sufriendo la persona; o el médico que comprueba que la persona tiene fiebre y la atribuye a una enfermedad infecciosa en cuyo caso se denomina «síntoma», y

d) una mera contigüidad temporal o espacial como cuando cierto viento puede asociarse a una futura lluvia, o cuando el gorjeo de los pájaros le anuncia al madrugador que el despertador está por sonar.

Cuando lo percibido tiene una relación natural con el significado, se puede aprender a asignarle valor significativo gracias a la experiencia personal directa. En cambio, la relación arbitraria, es decir, aquella para la cual no hay ninguna razón lógica, sólo la puede conocer el usuario gracias a los hábitos culturales de su comunidad, esto es, al aprendizaje sistemático a través de su experiencia. Uno de los tipos de signos que se han caracterizado precisamente por esta arbitrariedad son los que conforman el lenguaje natural, tanto en su forma oral (fonemas) como escrita (grafemas). Si volvemos a leer las acepciones que el *DRAE* asigna al verbo *leer*, podremos comprobar que la mayoría de los signos mencionados en las acepciones se caracterizan por tener una relación de significación arbitraria (excepto mapas, relojes, termómetros, gestos). Esto quiere decir que no hay nada en la naturaleza de la cosa que la haga significar una u otra alternativa.

Por otra parte, del tipo de esta asociación depende la facilidad con que la persona aprende a usar los signos, es decir, aprender a asignarle significado a un significante. Como es lógico, los signos del primer tipo —los que tienen una relación natural con sus significados— son más fáciles de aprender y tienden a ser aprendidos primero, pero, obviamente, esto depende de las experiencias que han tenido los niños, es decir, de lo que ya saben. El carácter evolutivo de la capacidad de aprender se refleja en el hecho de que los primeros signos que aprende un sujeto son signos naturales; por ejemplo, aprende a interpretar los gestos de los adultos que lo rodean. Especialmente notoria es la distinta reacción que tiene el niño frente a la sonrisa y al ceño fruncido de la madre o del padre que, se supone, indica el valor de signo causal emotivo y que será seguido de conductas agradables y desagradables, respectivamente (como ser tomado en brazos o dejado en su cuna).

Más difícil resulta aprender los signos convencionales, es decir, aquellos cuya relación con el significado es arbitraria (sin razón lógica) y que, por tanto, deben ser aprendidos prestando atención al uso que se le da al interior de la propia comunidad. El más típico de estos sistemas es el constituido por el lenguaje natural, tanto en su forma oral como en su forma escrita. Dado entonces que el lenguaje natural es altamente convencional y arbitrario, la adquisición/aprendizaje de la lengua escrita y de la lectoescritura requieren de un especial esfuerzo consciente por parte de los sujetos aprendices para ir conociendo estas relaciones entre signos.

SABER LEER Y LA ADQUISICIÓN DE LA LENGUA MATERNA

La mayoría de las lenguas tienen dos modalidades simbólicas: oral y escrita. Aunque ambas modalidades del lenguaje representan un mismo sistema lingüístico (una misma lengua), existen notables diferencias en el modo en que se aprenden. Desde que nace, el ser humano está expuesto a estímulos auditivos producidos por otras personas como parte de la lengua oral. Se ha probado que el ser humano viene sobre todo dotado para diferenciar esos sonidos de todos los otros que le llegan del medio ambiente. En efecto, experimentos realizados cuidadosamente, utilizando la técnica del chupete, han demostrado diferencias muy interesantes. Esta técnica consiste en observar en qué momento el bebé deja de succionar el chupete para determinar cuándo un sonido ha llamado su atención. Se ha probado que los bebés recién nacidos responden a las voces humanas, ignorando sonidos más fuertes pero de otra naturaleza. Esto es interpretado por algunos científicos como prueba de que el ser humano viene genéticamente preparado para aprender a usar ese sistema de signos. Sin embargo, esta especie de preprogramación no basta. Es necesario primero que, pasados algunos meses, reconozca los sonidos y se dé cuenta de que ciertas secuencias de sonidos denotan o se refieren a objetos y hechos de la realidad. En otras palabras, debe haber formado imágenes de los sonidos para así reconocerlos y, con posterioridad, imitarlos. Lo innato es sólo una capacidad en potencia, como la capacidad para caminar erguido o la capacidad para concebir. Normalmente, a los pocos meses los adultos ayudan al infante, tratando de enseñarle que ciertas secuencias fónicas deben ser asociadas por él a cosas o personas. *Mamá, papá, tata, papa* son algunas de las palabras que, con insistencia, se repiten delante del niño, mostrando simultáneamente al referente.

El desarrollo lingüístico posterior de la lengua materna en los niños ha sido ampliamente estudiado y ha resultado notablemente similar en todas las lenguas. El léxico es, por supuesto, diferente según la lengua materna que el niño está aprendiendo; sin embargo, su aprendizaje siempre se inicia con términos referidos al contexto concreto e inmediato del pequeño. Cuando comienza a juntar palabras, éstas suelen ser sustantivos o verbos que indican procesos de materiales (*cae*, *viene*, etcétera). Esta etapa es conocida como «habla telegráfica», por carecer de declinaciones, flexiones o verbos copulativos y de palabras de significado más abstracto o variable como las preposiciones. Posteriormente, a partir de alrededor de los dos años, se adquiere la sintaxis en un proceso relativamente extendido en el tiempo que no ha podido ser aún del todo explicado por los estudiosos a pesar de constituir el elemento definitorio del lenguaje humano. En otras palabras, la lengua oral es adquirida de forma espontánea por el niño sin que sea necesario un esfuerzo sistemático por parte de quienes le rodean.

Nos hemos detenido un tanto para hablar de la adquisición de la lengua materna en su forma oral, a pesar de que no corresponde a un sistema de signos que se leen. La razón que hemos tenido para ello radica en el hecho de que para aprender a leer es necesario que el niño haya adquirido previamente su lengua materna en la modalidad oral. Como es evidente, no pretendemos decir que el niño «lee» la lengua oral, puesto que no se trata de un estímulo visual que, como vimos, es una de las características de todas las acepciones del verbo *leer* que menciona el *DRAE*. Sin embargo, gracias a la capacidad de poner atención el niño aprende una forma fundamental del lenguaje, la forma oral, que se manifiesta históricamente en todas las lenguas o idiomas. En efecto, todas las comunidades usan la lengua oral, en sus diversas variedades o géneros, pero algunas nunca han desarrollado la forma escrita, que es, precisamente, la que se lee. Vale la pena destacar que la lengua escrita, desde este contexto, no se encuentra en nuestro código genético, sino que corresponde a una manifestación cultural que debe ser enseñada y aprendida a lo largo de la vida de todo sujeto. Esto no quiere decir que la lengua oral no deba ser enseñada y no deba también aprenderse. Lo que sucede es que todo ser humano sano y normal desarrollará su lengua oral de modo casi automático dentro de su grupo social determinado; no obstante, no todo ser humano sano y normal desarrollará su habilidad para leer, pues ésta no está codificada genéticamente en la especie.

Un hecho altamente relevante lo constituye el que el aprendizaje de la lectura, en cambio, no se adquiere de forma espontánea. Es necesario que tanto el niño como quienes lo rodean, sobre todo sus profesores, lo guíen para que aprenda a asociar sonidos con grafías. Sin embargo, previamente el niño debe haber aprendido el sistema fonológico de la lengua, base para el sistema escrito.

LOS PROCESOS DE ADQUISICIÓN/APRENDIZAJE DE LA LENGUA ESCRITA

La lectoescritura

Centrándonos en la lectura de lo que se denominan grafías o letras, podemos afirmar que para muchas personas, sobre todo las semianalfabetas, saber leer es simplemente saber pronunciar el sonido de las letras. Sin embargo, basta pensar un poco para darse cuenta de que las letras no tienen sonido, no suenan, al menos no lo que de forma cotidiana llamamos letras, es decir, ciertos trazos inscritos en una superficie plana, especialmente el papel. Es cierto que esta concepción tiene un sólido fundamento empírico, puesto que, cuando aprendemos a leer, lo que nos enseñan es, precisamente, cómo «suenan» las letras. Y se tiende a adjudicar éxito en esta tarea a aquellos que han aprendido a «reconocer» y «pronunciar» las letras o grafías en sus diferentes formas, o sea, cuando los alumnos han formado imágenes de las distintas formas que pueden tomar y las han guardado en su memoria junto con la relación de identidad entre ellas, construyendo una imagen más abstracta, un concepto. A esto los lingüistas lo denominan *grafema* y es lo que le permite al sujeto reconocer las más variadas grafías concretas: mayúsculas, minúsculas, manuscritas (en todas sus variedades) e impresas.

La siguiente figura justamente muestra el modo en que un grafema, en este caso la A, puede representarse de diversas formas, pero todas ellas constituyen la misma imagen abstracta. Lo importante es que el sujeto lector aprenda que no son cosas diferentes, sino diversas manifestaciones concretas de un mismo grafema.

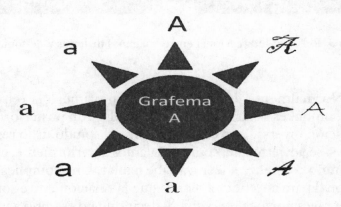

Figura 2. Origen de los grafemas gracias a las experiencias con diversos tipos de grafías.

Pero eso no es todo: para lograr el reconocimiento de los grafemas, los sujetos deben previamente haber formado y guardado una imagen abstracta acústica del sonido (fonema) en sus posibles variaciones —voz ronca, voz aguda, voz gangosa— y, lo que es importante, el vecindario fónico en que se encuentra. Para descubrir estas últimas variantes basta fijarse en cómo pronunciamos la vocal [a] en la palabra *ganga* y en la palabra *capa* y podremos confirmar que en el primer caso usamos la parte de atrás de la boca, mientras que en el segundo la pronunciamos más adelante, separando apenas la parte de atrás del alvéolo de los dientes. Además, los sujetos deben haber guardado en sus memorias la asociación entre ambas imágenes. Todo esto, como ya vimos brevemente, implica que estas representaciones mentales se deben haber consolidado en la memoria de largo plazo.

Lo anterior se podría ilustrar de la siguiente manera, destacando que los fonemas se asocian a grafemas y viceversa y que ambos son realidades mentales, es decir, abstractas.

Figura 3. Relación bidireccional entre imágenes de letras y de sonidos.

Normalmente, los niños aprenden primero la relación letra-sonido, es decir, a leer la letra y sólo, con posterioridad, la relación inversa, esto es, a «escribir» el sonido. Ello resulta obvio si se advierte que, como señalamos anteriormente, cuando el niño comienza a leer, ya sabe hablar. Una complicación adicional para aprender a leer es que la relación entre sonido y letra no es unívoca; esto quiere decir que no es «uno a uno», de modo que una letra (grafema) se puede asociar con distintos sonidos (fonemas) y un sonido con distintas grafías dependiendo del contexto. Incluso existen grafemas «mudos», es decir, sin correspondencia.

Con el fin de ejemplificar lo dicho, en la siguiente figura hemos utilizado letra mayúscula para representar la imagen mental de las grafías, los grafemas, y letra minúscula para representar las imágenes mentales de los sonidos, los fonemas.

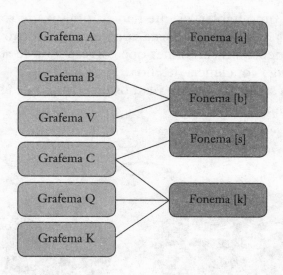

Figura 4. Relación no biunívoca entre grafemas y fonemas.

Además, cuando los sujetos comienzan a aprender a leer, deben diferenciar entre el «sonido» de la letra y el «nombre» de la letra. En efecto, en ciertos casos, sobre todo en el pasado, se comenzaba la enseñanza de la lectura tratando de que el niño aprendiera el nombre de las letras. El resultado era que la letra que llamaban «pe» debía pronunciarse como [p], y la «te» pronunciarse como [t]; no leer [pelateo] donde dice «plato». Posteriormente se cambió por un método de enseñanza que presentaba las grafías en sílabas, de modo que los alumnos podían guardar la imagen visual compleja /pa/ y asociarla con la imagen acústica [pa]. Pero esto significa que se deben aprender muchas más grafías silábicas, pues prácticamente cada consonante puede ir seguida de la mayoría de las vocales (pa*leta*, pe*lele*, pi*to*, po*co*, pú*blico*). Hoy se prefiere presentar los grafemas en palabras o frases simples que el niño ya conoce y cuyo significado, por tanto, puede captar.

Todo esto puede resultar muy complicado para aquellos que ya han aprendido a leer. Así, si les parece que leer es casi tan fácil como hablar, es que han automatizado todas estas relaciones de modo que basta con ver algo escrito para que todas las neuronas cerebrales que corresponda se activen sin que se tenga conciencia de ello.

En la siguiente figura, veamos un ejemplo de esto con el signo «queso».

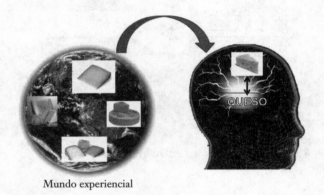

Mundo experiencial

Figura 5. Construcción de un signo abstracto gracias a las variadas experiencias con los objetos correspondientes.

Como se observa en la Figura 5, en la parte superior del cerebro hemos dibujado un queso para representar lo que hemos denominado *significado*, a saber, la representación mental abstracta de un objeto o acción percibidos en diversas ocasiones y cuyo recuerdo hemos almacenado en la memoria de largo plazo. Este concepto va asociado a la parte inferior del dibujo del cerebro que, a su vez, representa la asociación fonema-grafema, producto de sendos procesos de abstracción y consolidación en la memoria.

Ahora bien, como es de conocimiento general, no es posible recordar algo que no se sabe. Por lo tanto, y a menos que se aprendan estas grafías y las asociemos a los sonidos correspondientes y luego a algún concepto, no funcionará para el lector como significante ni, por lo tanto, lo podrá usar como signo. Si nos enfrentamos ante la siguiente secuencia de grafías, no podríamos pronunciarla ni saber a qué se refiere el autor del texto, a menos que hubiéramos aprendido el alfabeto cirílico.

Федеяико

El cambio metodológico mencionado se debe a que se ha comprobado que saber lo que una palabra significa constituye una ayuda para su rápida decodificación, es decir, para evocar los sonidos que corresponden a cada grafía. Para comprobar esto, leamos los siguientes pares de palabras:

> Arauja — araña
> Breña — breva
> Cernadas — centellas
> Dispar — dislate

Vemos que resulta más fácil y rápido leer las palabras de la columna de la derecha y, sobre todo, si se conoce su significado. En caso contrario, es probable que se deba volver atrás y releer cada una de las palabras.

Si reconocemos que la escritura es un sistema gráfico que sirve para comunicarnos, no podemos limitarnos a analizar cómo se leen o escriben las letras o palabras aisladas; es necesario llegar a reconocer que lo leído en este caso es una secuencia de unidades con la que se pretende comunicar una o más ideas. Hasta el momento hemos visto el proceso de leer, en una de sus acepciones, como si sólo se leyeran palabras aisladas y éstas se asociaran a imágenes o conceptos. Pero, salvo en las primeras etapas de la vida y en situaciones muy particulares, las personas no se comunican con signos verbales aislados. Lo más frecuente es que se utilicen secuencias de signos transferidas de la lengua oral a la lengua escrita. Estas secuencias se construyen de acuerdo a ciertas reglas gramaticales, típicas de cada lengua, las que se van adquiriendo a medida que el sujeto se desarrolla.

Todas las lenguas tienen una serie de restricciones acerca de cómo se ordenan los signos en esas secuencias, es decir, todas tienen sintaxis que es necesario aprender a manejar. Resulta interesante comprobar que ese orden también significa algo. Por ejemplo, «Juan le pegó a la pelota» no es lo mismo que «La pelota le pegó a Juan» o «Me levanto antes de vestirme» no es lo mismo que «Me visto antes de levantarme». Gracias al conocimiento de la sintaxis se pueden expresar y comprender ideas. Este aspecto del lenguaje es evidentemente más difícil y por ello no es de extrañar que sea una adquisición tardía de los niños. Además, no se trata sólo de juntar palabras. En la mayoría de las lenguas existen signos aún menores que llamamos *morfemas* y que nos permiten expresar y comprender aspectos tan abstractos de la realidad como el tiempo y personas de los verbos, el número y, en castellano, el género en los adjetivos y sustantivos. No es lo mismo decir «escuch*o*» que «escuch*é*» o «escuch*aré*»; ni decir, «niñ*o*» o «ni-ñ*os*» o «niñ*as*». También los morfemas, esas pequeñas partes de las palabras, nos permiten formar nuevas palabras a partir de una que sirve como base: *amiga>amig*able; *dolor>dolor*oso. Estos ejemplos parecen indicar un fenómeno muy simple, pero en realidad puede ser muy complejo; se pueden combinar ambos como en *dolor*>os>a, *dolor*>os>o>s; aquí, del sustantivo *dolor* se deriva un adjetivo mediante el morfema -*oso* al que se añade la marca de masculino -*o* y el morfema de plural -*s*. En muchas ocasiones la base sufre algunos cambios, como en *tiempo>temporalmente*. En definitiva, todo esto dificulta la lectura por parte del niño, que debe manejar este dinamismo del lenguaje antes de empezar a leer algo más que palabras.

Hemos llegado así a la siguiente descripción del proceso de aprender a «leer» la propia lengua materna. Es la actividad que resulta de aprender a:

a) asociar los sonidos, que ya se conocen y que se han almacenado en la memoria como representaciones abstractas
(fonemas) con las grafías correspondientes que todavía no
se conocen; en otras palabras, hay que aprender a «pronunciar» las letras cuya representación abstracta también
se ha almacenado (sistema de grafemas), pasando pues de
un sistema de signos escritos a otro sonoro. Lo anterior
implica que leer la lengua escrita es un proceso más complejo que como lo define el *DRAE*. No es sólo «pasar la
vista por lo escrito», sino pasar la vista por lo escrito reco-
nociendo las letras y traduciendo esa manifestación de la
lengua al sistema oral. Para lograr que estas representaciones tengan un significado es necesario, previamente,

b) haber asociado esos signos orales a objetos y situaciones
del mundo real o imaginado que hemos conocido anteriormente y que constituyen nuestro modelo de mundo. Esta
asociación puede hacerse por identidad o semejanza (capacidad analógica) o por el requerimiento de la coherencia
interna del contenido o de éste con nuestro conocimiento
previo (capacidad inferencial).

Como manera de resumir gráficamente lo dicho hasta ahora, en la siguiente figura, similar a la anterior, hemos agregado
una secuencia de letras que dan origen al grafema mental.

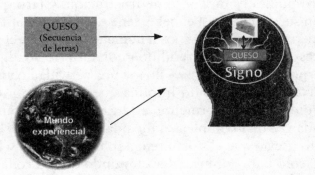

Figura 6. Relaciones que son necesarias para leer comprendiendo
el sentido.

Como se ve en la Figura 6, similar a la Figura 5, todo lo que es realidad mental lo hemos ubicado en el interior del cerebro. En este caso, no hemos ilustrado la relación grafemas-fonemas, pues ya lo hemos hecho con anterioridad. Es cierto que hay quienes piensan que es posible saltarse esa primera asociación (entre lo oral y lo escrito) para asociar directamente lo escrito con conceptos y éstos con la realidad extralingüística. Pero ello sólo se logra una vez que se ha avanzado en la práctica de la lectura.

Normalmente no nos damos cuenta de cómo y cuándo establecemos las relaciones entre signos para darle sentido a lo que leemos, pues resultan tan naturales que no son conscientes. Imagínese que usted va por la calle y ve que una persona pasa corriendo a su lado y casi lo golpea; usted infiere que esa persona lleva apuro y no que está haciendo ejercicio. Ello debido al contexto, pues no es normal hacer ese tipo de ejercicio en una calle concurrida. Si usted ve que las cortinas de su salón se mueven, infiere que alguna ventana o puerta se quedó abierta, pues eso explicaría el movimiento y actúa en consecuencia, es decir, se levanta a cerrarla.

Como vimos anteriormente, el niño, desde muy pequeño, necesita esta coherencia en el mundo que lo rodea para darle sentido y, por ello, realiza inferencias a partir de sus limitadas experiencias. Ver aparecer la cara de la mamá sobre la cuna le permite inferir que será tomado en brazos. Si ello no acontece, su respuesta es un llanto de frustración. Claro que esta reacción sucederá sólo si el bebé tiene experiencias anteriores que le permiten asociar ambos fenómenos. Es decir, el pequeño necesita haberlo «aprendido» con anterioridad. El hecho de que esta «enseñanza» no sea una actividad consciente por parte de la madre no implica que el bebé no lo haya «aprendido». Posteriormente, esta capacidad inferencial se hará cada vez más compleja, a medida que aumenta el conocimiento previo que el sujeto tenga sobre el asunto, y lo aplicará no sólo para comprender el mundo que lo rodea, sino también el mundo representado mediante signos, es decir, lo que lee.

La construcción de significados desde la decodificación

Puesto que la función más importante de la lengua escrita no es solamente transcribir al papel o pantalla de ordenador la lengua oral, sino que —muy por el contrario— su función fundamental se constituye en ser un mediador que permita trascender lo comunicado más allá del aquí y el ahora. En efecto, la lectura tampoco es meramente la vocalización o asociación de grafías a sonidos. La postura que defendemos en este libro apunta a los procesos de búsqueda y construcción de significados. Por lo tanto, quien lee las palabras y oraciones de un texto debe tratar de asociar esa secuencia de letras y palabras al significado que quiso construir quien la escribió. Esto quiere decir que el foco más importante debe estar en que el lector realiza un esfuerzo para elaborar un significado a partir de lo que se dice en esa secuencia de grafías. Esto nos lleva a una nueva acepción de lectura que está inscrita en otra de las definiciones del *DRAE* —«entender o interpretar un texto de un determinado modo»— y que se constituye en el núcleo central de este libro.

En resumen, saber leer no es sólo saber reconocer signos menores a las palabras y mayores que las palabras. Dicho en términos técnicos, no basta con el niño haya adquirido nociones de morfología y de sintaxis, incluso para realizar la lectura como definida en la segunda acepción del *DRAE*, o sea «decir lo escrito», lo que implica entre otras cosas leer las pausas y la entonación. Esto sería limitar la lectura exclusivamente a la decodificación de palabras y oraciones. En definitiva, lo que buscamos destacar como proceso central de la lectura es la interacción entre el lector, el texto y el contexto, todo lo que resulta en un proceso dinámico, interactivo y altamente intencionado por parte del sujeto. En este proceso, interviene una singular variedad de factores que contribuyen a la construcción de un significado que se almacena en la memoria del lector.

Como dijimos con anterioridad, la forma de enseñar a leer ha cambiado con el tiempo: primero se trataba de que el niño sólo reconociera las letras, es decir, asociara las letras con los sonidos correspondientes e, incluso, aprendiera a escribirlas. Posteriormente, se sugirió comenzar por enseñar a leer sílabas, lo que solucionaba el problema de la diferencia entre el nombre de la letra y su pronunciación. No obstante, los certeros avances psicolingüísticos llevaron a dejar en claro el hecho de que la lengua es, sobre todo, un medio para comunicar significados, ideas, sentimientos, acontecimientos, etcétera, no exclusivamente un constructo de formas. Por lo tanto, el modo de enseñar a leer en la etapa temprana de alfabetización inicial cambió el foco desde la forma y la vocalización de letras y sílabas sin sentido alguno hacia enfoques en que el significado contextual desempeñara un rol en el aprendizaje de la lectura.

Esto se hace muy evidente en los adultos alfabetizados, pues conscientes del rol de la búsqueda de significados a través de la lectura, al enfrentar un texto escrito siempre tratan de descubrir qué significa, qué quiere decir, quién lo escribió. En consonancia con esta perspectiva, la enseñanza de la lectura ha experimentado una renovación, procurando que desde un comienzo los niños enfrenten aquello que se les hace leer como algo con sentido para ellos. Este enfoque no es fácil de llevar a la práctica, pues implica, en cierta forma, traer el contexto al aula, dado que los mensajes tienen sentido en contextos determinados; en todo caso, es necesario que los niños sepan que deben buscar significados en lo que leen. Esto quiere decir que el énfasis entre un proceso enseñanza/aprendizaje desde la lectura como «pronunciación de letras y palabras» ha dado paso a enfoques donde la «búsqueda y construcción de significado» de lo que se lee, aunque sea muy inicialmente, tenga un rol preponderante. En todo ello, también los avances desde la concepción del uso de la lengua en contextos específicos ha significado un tremendo aporte; área a la que algunos estudiosos denominan *pragmática*.

Ahora bien, como es evidente, los niños pequeños no llegan a la etapa de educación infantil como una pizarra vacía o en blanco, conocen su lengua materna y saben usarla en su forma oral. Es necesario, entonces, que entiendan que se trata de un código diferente pero igualmente significativo y que buscar y construir el significado les ayudará a aprender la asociación entre las unidades de ambos códigos, el oral y el escrito. Como es evidente, esto sólo se puede lograr si las frases que se les dan a leer corresponden a su conocimiento de mundo y tienen un sentido real para los alumnos. En otras palabras, como veremos más adelante, si lo que se les da a leer son «textos».

EL TEXTO ESCRITO

En el lenguaje común y cotidiano, la palabra *texto* se usa a menudo para denominar un libro, sobre todo de estudio. Así decimos un «texto de química», «un texto de historia». Sin embargo, usado técnicamente, el texto es una unidad que no se puede definir por su longitud, dado que puede consistir en una sola palabra como «Salida» o «¡Vete!»; una frase como «¡Qué pena!»; una novela o un ensayo. En realidad, texto es una unidad semántica (de significado) y no formal (de forma), cuya característica esencial es ser un todo coherente, internamente y con el contexto extralingüístico en el que aparece. Los textos muy cortos (de sólo algunas palabras o una frase) suelen ser comprensibles gracias al contexto en que se encuentran. Si no corresponden al contexto en el que supuestamente quien lo escribió quería que se leyeran, su lectura produce risa o incomodidad debido a que quien lo leyó no puede darles sentido, es decir, no lo encuentra coherente con el contexto. Así, por ejemplo, si alguien pusiera un cartel o letrero que dijera «PROHIBIDA LA ENTRADA» en una pared que no tiene puerta, sería considerado como una broma o un absurdo o quien lo viese empezaría una serie de elucubraciones: «¿Qué querrá decir el que lo puso ahí? ¿Será que no quieren que entre porque está todo recién pintado dentro de ese lugar?». Estas conjeturas se apoyan en parte en el texto y en parte en el contexto y se deben a la necesidad que tiene el ser humano de darle sentido al mundo en el que vive y se mueve. O si alguien manda por error una tarjeta con la frase «Reciba mis sinceras condolencias» a un hombre recién casado, es probable que el marido se ría pero que la esposa se enoje con quien hizo tal envío.

Los textos más largos se caracterizan, en cambio, por su coherencia interna. Incluso en el caso de textos dirigidos a un público amplio e indeterminado, sin que sea necesario considerar el contexto en el que se lee. Tal es el caso, por ejemplo, de los diarios y los textos literarios que se pueden leer en cualquier parte (la casa, el avión, el autobús, el dentista, etcétera).

Esta característica, la coherencia, es la que hace comprensibles los textos para quienes poseen un conocimiento previo, en lo esencial, sobre un tema análogo al del autor. Sin ese conocimiento, no es posible construir la coherencia y, consecuentemente, darle sentido al texto. En definitiva, lo que se busca es saber lo que dice un texto (los textos no dicen nada, es sólo un modo de decir) y, por lo tanto, comprenderlo y aprender a partir de él. De lo anterior se desprende que el significado no está totalmente en el texto y que, como unidad de comunicación, el sentido se construye entre el escritor y el lector, como veremos más adelante.

Existe aún otro factor o proceso cognitivo necesario para darle sentido a un texto. Es necesario que el lector imagine la situación a la cual se refiere el texto. «No puedo continuar sin agua» significa cosas distintas si, en una novela, lo dice: *a)* un jardinero, *b)* un alpinista sediento, *c)* un bombero y *d)* un dueño de casa mientras toma un baño. Pero eso no basta, puesto que esa situación debe ser entendida a luz del ambiente cultural en que se encuentra el escritor. De hecho, puede resultar difícil predecir qué podría significar en una novela, en que la acción se sitúa en algún país del centro de África, la frase puesta en boca de uno de sus habitantes: «Sobró tanta comida que tuvimos que llevarla a una residencia de la tercera edad».

Con anterioridad hemos señalado que un mismo texto puede ser interpretado de manera distinta según el contexto cultural en el que el lector está inmerso. En este proceso, el conocimiento previo del lector resulta ser el factor gravitante. Ante esto surge una pregunta: ¿cómo es posible captar el significado intencionado por el escritor si no se comparte su cultura ni son parte del conocimiento vivido por el lector las experiencias que el autor quiere comunicar? En realidad, resulta difícil e incierto precisarlo, pero todo ser humano nace con ciertas capacidades potenciales (algunas de las cuales hemos descrito) que serán importante para la lectura comprensiva y que se desarrollarán luego a lo largo de su infancia. Una de ellas, posiblemente, sea el carácter difuso de nuestras representaciones mentales mencionado con anterioridad que, unido a la capacidad inferencial, permite las interpretaciones aproximadas que se van precisando a medida que se recibe más información.

De lo dicho hasta aquí se desprende la existencia de varios factores que influyen en el proceso de la lectura. Hasta ahora hemos mencionado algunas de las variables correspondientes a lo leído, como la naturaleza del signo, tipo de significación (relación natural o arbitraria entre ambas caras). Otros factores, en cambio, dependen del sujeto lector, como sus estrategias de lectura (generalmente asociadas a la edad del sujeto lector), su conocimiento previo y el contexto cultural en el que se desenvuelve y que le permite recrear una representación de lo que se lee.

Existe aún otro factor relacionado con el sujeto y que resulta fundamental para determinar las características del proceso lector. Nos referimos al objetivo o propósito con el que el sujeto emprende la lectura de un texto.

EL LECTOR Y SUS OBJETIVOS DE LA LECTURA

Como lectores, podemos tener muchos objetivos que nos llevan a leer, y ello ciertamente influye en el modo de leer y en las estrategias de lectura que ponemos en práctica frente a un determinado texto. El primero y más fundamental de ellos es vivir funcionalmente en comunidad, siguiendo ciertas normas señalizadas, por ejemplo, en una serie de carteles o letreros con el nombre de las calles, señales de tráfico e, incluso, los horarios de atención en oficinas, consultorios e instituciones públicas. Es necesario conocer las realidades a las que apuntan estos avisos para darles sentido. Así, el objetivo general de lectura se va especificando a medida que todo sujeto se desarrolla y crece en medio de su contexto social y cultural. A lo largo de este proceso, van surgiendo diversos propósitos para la lectura. Algunos de los más típicos son los siguientes.

Leer para estar informado

Otro objetivo de lectura, que se agrega al funcional general, es conocer lo que acontece en el momento actual más allá de nuestro vecindario inmediato y con ello tener tema para conversar y establecer relaciones activas con otros miembros de la comunidad. Para esto, solemos recurrir a los periódicos, revistas o magacines, cuyo contenido es seleccionado según nuestros intereses. De hecho, muchas veces nos conformamos con leer el título o la entrada de algunos artículos que suelen contener noticias que pueden ser la continuación de situaciones presentadas el día anterior. En estos casos, se requiere un esfuerzo mínimo para asociar esa información con la que ya teníamos, puesto que el tema ya era conocido y la novedad escasa. En otros casos, rara vez encontramos noticias realmente novedosas que nos invitan a crear un nuevo marco en nuestras representaciones mentales a las que iremos incorporando de forma paulatina más información. Una de las secciones del periódico que suele despertar más interés entre ciertas personas son los editoriales y columnas de crítica literaria o artística. Aunque para otros es la sección económica o los anuncios de trabajo. Por supuesto que el grado de atención y la profundidad de los procesos cognitivos dependen, en el caso de columnas de crítica literaria o artística, del compromiso personal con los temas (si son escritores, artistas, políticos, etcétera). Esta información que aparece en los periódicos suele denominarse *noticias* debido a que corresponden a hechos o situaciones ocurridas recientemente en el mundo, que muchas personas desean conocer para mantenerse al día.

Leer para pasar el tiempo

También es frecuente leer sólo para dejar pasar el tiempo. En este caso, no importa qué texto se lee, ni su tema ni la secuencia en la que se lee. Esto sucede, por ejemplo, cuando esperamos en la consulta del dentista o del médico. En estos casos, generalmente hojeamos de forma distraída alguna de las revistas que encontramos en un rincón, casi sin prestar gran atención a lo leído y, salvo excepciones, sin hacer esfuerzo alguno por consolidar la representación de lo leído a fin de recordar posteriormente algo de lo allí expresado. A menos que se refiera a un tema de nuestro interés y, por tanto, a algo que es parte de nuestro conocimiento previo que podemos enriquecer con nueva información. Así, dado que el objetivo es pasar el tiempo, las estrategias de lectura que se ponen en juego son menos exigentes y no buscan necesariamente, por ejemplo, aprender de lo leído ni memorizar contenidos específicos.

Leer para entretenerse

Existen personas muy aficionadas a leer para entretenerse. Eligen para ello cuentos, novelas o los llamados *bestsellers*. A pesar de que la finalidad es entretenerse y que lo más probable es que se haga en los ratos libres, de modo que se trata de una lectura ininterrumpida, la naturaleza misma de estos textos exige que se activen las neuronas que representan la información, a menudo bastante compleja, que se ha ido leyendo previamente. Recordar lo leído con anterioridad es indispensable para darle coherencia a lo que se lee posteriormente y, por tanto, estar en condiciones de explicarse las nuevas acciones y pensamientos de los personajes. Por ello, la consolidación de las representaciones debe mantenerse en la memoria episódica durante el tiempo que se demora en leer el texto. Sin embargo, una vez terminado el proceso lector, ya no es necesario mantener activas las representaciones y es posible olvidar una serie de detalles y conservar, apenas, una especie de resumen de la trama. En este contexto, las estrategias de lectura serán diferentes a las de pasar el tiempo, pues puede que el lector ponga mayor esfuerzo en construir significados más perdurables en el tiempo.

Leer para aprender

Existe aún otro objetivo para leer, esto es, para aprender. Uno podría preguntarse cuál es la diferencia entre leer para conocer y leer para aprender. Así pues, la razón por la cual se lee influye en la profundidad y duración de los procesos mentales involucrados. Al mencionar la memoria y la atención hemos estado pensando en una intención, la de aprender, porque sólo en ese caso esos procesos son realmente fundamentales. Hemos hablado de la activación del conocimiento previo, tanto lingüístico como de mundo, proceso fundamental para cualquier tipo de lectura. Pero debemos precisar qué entendemos por *aprender*. A primera vista pudiera pensarse que *conocer* y *aprender* son lo mismo. Ambos son verbos transitivos, se «conoce algo» y se «aprende algo». Sin embargo, entre ellos existen diferencias lingüísticas que es necesario justificar:
○ Se conoce a la gente, no se la aprende.
○ Se conocen lugares lejanos, no se los aprende.
○ Se aprende una lengua, no se la conoce.
○ Se aprende a ser paciente, no se conoce a ser paciente.

Sin embargo, a menudo, los significados de ambos verbos se traslapan y uno de ellos parece abarcar ambos campos marcado sólo por la entonación o la incorporación de un intensificador.
○ Conozco a Pepe. Créeme, lo conozco muy bien.

En otros casos, la diferencia parece ser más bien sintáctica: el verbo *saber* permite usar una cláusula nominal para nombrar lo que se sabe, pero no lo que se conoce.
○ Conozco su pensamiento y sé lo que piensa.
○ Conozco su casa y sé cómo es.

Estos últimos ejemplos podrían acercarnos un tanto a la diferencia entre ambos verbos, así como a sus semejanzas: ambos denominan un proceso cognitivo mediante el cual parte de la realidad es interiorizada. La diferencia parece radicar en un factor temporal: *aprender* implica algo más duradero, tanto en el proceso mismo como en la permanencia de lo aprendido. Esto explica por qué se puede usar una perífrasis como «estar aprendiendo», lo que no se puede con el verbo *conocer*. Sin embargo, resulta interesante comprobar que el valor de permanencia del verbo *saber* se anula cuando se utiliza un tiempo verbal que tiene valor de instantaneidad: «Sé (o *supe)* que se casó».

Toda esta explicación se ha incluido para diferenciar la intención que hay entre leer para conocer y leer para aprender. Para aprender uno tiene que estudiar, no basta con leer. Ya hace décadas, se ha hablado de un «aprendizaje fuerte» en el cual se tiene conciencia de que lo aprendido es verdad. Así pues, si se quiere aprender de lo que leemos, es decir, incorporar la nueva información en nuestro conocimiento previo, enriqueciéndolo, no sólo hay que leer, representar, evocar, comprender, sino que es necesario, además, creer en la verdad de lo comprendido, lo que se logra siendo consciente de que la nueva información es coherente con lo que ya se sabe sobre el tema. De hecho, uno de los factores que dificultan el aprendizaje es el conjunto de prejuicios o presaberes que se tiene sobre un asunto.

Para ilustrar esto, vale la pena señalar que, en una de nuestras investigaciones sobre comprensión de alumnos de 12 o 13 años, les pedimos a un grupo de sujetos que leyeran cuidadosamente un texto en el que se señalaba que estaba comprobado científicamente que tener amigos era más eficaz para prolongar la vida que hacer ejercicio. Al preguntarles luego en relación a lo leído qué era mejor para mantenerse sano y prolongar la vida, todos señalaron que hacer ejercicio. Es decir, ante la incoherencia que esta información presentaba frente a su conocimiento previo lo evitaron simplemente no aceptando como verdadero lo leído. En otras palabras, el conocimiento previo facilita la comprensión de lo leído, pero en ocasiones dificulta el proceso de aprender.

Desde otra perspectiva es necesario enfatizar que para aprender es necesario estudiar, es decir, hacer un esfuerzo sistemático para ir continuamente comparando la nueva información con la ya conocida para aceptarla, modificando en caso necesario el conocimiento previo, o rechazarla como falsa. Lo uno o lo otro dependerá de la confianza que se tenga en el autor del texto. Adquirir conocimiento mediante la lectura implica, de este modo, ser capaz de utilizar y llevar a cabo estrategias muy específicas que permitan evaluar lo leído y, con un alto grado de conciencia y planificación, alcanzar los objetivos planteados.

Existe aún otro factor que diferencia el aprender del conocer: se puede conocer una enorme cantidad de asuntos y temas. El estudio, en cambio, se suele hacer en temas relativamente delimitados, es decir, en disciplinas especializadas. Esto, a su vez, restringe el tipo de texto: se estudia y aprende a partir de textos expositivos o argumentativos, rara vez en textos narrativos. Estos últimos son los más frecuentes en la lengua oral cotidiana, pues los usamos para contar lo que nos ha ocurrido o les ha ocurrido a otros. Suele corresponder también a los primeros textos que los niños deben leer (cuentos y fábulas).

Hasta aquí llegamos con este recorrido inicial. En los siguientes capítulos, se volverá con mayor profundidad sobre algunos de los temas abordados en esta primera parte; también se revisará más acerca de los tipos de textos y sus contextos de uso, así como de otras variedades y acerca de los géneros analizados desde contextos comunicativos.

II

El texto escrito como objeto de la lectura: características, conocimientos implicados y estrategias asociadas

INTRODUCCIÓN

En lo que va de este volumen, hemos presentado nuestra concepción acerca de la lectura, concentrándonos principalmente en los procesos psicolingüísticos involucrados. Hemos abordado la forma en que tales tipos de proceso interactúan para generar una representación del texto leído. En definitiva, hemos revisado, en términos generales, el procesamiento de la información y el rol que el conocimiento, que cada individuo lleva consigo y utiliza de manera estratégica, desempeña en la lectura.

Los temas presentados en el capítulo anterior orientan nuestra atención hacia el concepto de lector estratégico y, en ese sentido, hacia el modo en que el uso adecuado de sus conocimientos de mundo no sólo guiará su proceso de lectura, sino que también determinará en gran medida el nivel de comprensión alcanzado. Esto es, como hemos venido sosteniendo, al leer un texto, el individuo construye una representación mental del texto leído, basándose no sólo en los datos lingüísticos y no lingüísticos presentes en el texto, sino también en toda la información que posee en su memoria. Entre esta gran cantidad y diversidad de información, un tipo de particular relevancia para llevar a cabo los procesos de lectura está constituido por el conocimiento asociado a los textos. Tal tipo de conocimiento no se limita únicamente al tema que trata el texto leído, la lengua en la que está escrito, el vocabulario y las estructuras morfosintácticas utilizadas, sino que también incluye conocimientos relacionados con las diversas situaciones en que determinados textos son leídos y los propósitos que contemplan su lectura. Cuanto más se conozca acerca de estos aspectos, mejor será el resultado del proceso de lectura, por supuesto, siempre y cuando el lector sea capaz de utilizar ese conocimiento de manera eficiente.

En este capítulo nos concentraremos en algunos conocimientos y estrategias asociados al texto y al contexto situacional en el que es leído. Para ello, presentaremos ciertas características textuales que un lector debiera conocer para desarrollar un proceso de lectura exitoso. Comenzaremos con un breve acercamiento al concepto de texto, poniendo especial énfasis en la diferencia entre texto escrito y oración. Como una forma de poner en un contexto mayor el estudio del texto, avanzaremos hacia el concepto de género discursivo. Luego, abordaremos la relación que existe entre diferentes características lingüísticas, estructurales y contextuales del texto y los objetivos de lectura que un individuo puede establecer frente a un texto, lo que orientará las estrategias de lectura que se pongan en uso.

El concepto de texto y la lectura

No es novedad para nadie que el interés por estudiar los textos y sus características no es privilegio absoluto de los estudios lingüísticos de la segunda mitad del siglo XX. De hecho, existe evidencia de que durante el siglo V antes de Cristo, en la antigua Grecia, Aristóteles ya proponía clasificar el discurso retórico en tres géneros. No obstante, no se puede negar el auge que el estudio del texto ha adquirido durante los últimos cuarenta años, principalmente debido a la relevancia que el conocimiento y manejo apropiado de las características textuales representa en cualquier proceso de lectura y escritura.

En este punto, es preciso destacar la importancia que ha tenido, para los especialistas interesados en estudiar la lectura, entender que el texto escrito constituye una unidad lingüística diferente a la oración, no sólo en términos de extensión sino también en términos de su naturaleza. Para ser más precisos, la oración es un constructo de orden gramatical, creado con el propósito de llevar a cabo un análisis lingüístico, principalmente en términos morfosintácticos. Por otra parte, el texto es utilizado por cualquier hablante de una lengua en un contexto particular con el propósito de comunicarse, lo que lo constituye en una unidad de uso que va más allá de su posible gramaticalidad.

Así, mientras una oración puede ser entendida como una unidad abstracta que un sistema lingüístico determinado permite generar, el texto es entendido como una instancia concreta de lengua, es decir, de la lengua en uso. A modo de ejemplo, el enunciado «Pásame la sal» corresponde a una cadena sintáctica posible de ser realizada y con sentido en el español. Ésta no alcanza el estatus de texto en tanto no sea producida en un contexto determinado y con un objetivo particular, como sería durante un almuerzo, cuando uno de los participantes necesita de sal para mejorar el sabor de su comida.

Como se puede advertir a partir del ejemplo anteriormente presentado, el texto como unidad de carácter tanto semántico como léxico-gramatical es producido por un individuo en forma consciente e intencionada en un contexto particular con el fin de satisfacer un propósito comunicativo. Por ello, las características lingüísticas de cada evento comunicativo o texto emergen a partir de las posibilidades que le ofrece una lengua, entendida como un potencial de significado, y que un individuo es capaz de elegir de acuerdo a las restricciones contextuales, tanto de tipo situacional como cultural que puede percibir en un momento determinado. En este sentido, aun cuando todo intercambio comunicativo tiene un fin social, cualquier fenómeno lingüístico tiene su origen en el individuo y, en este sentido, en su cognición. Esto se ejemplifica con una situación similar a la ya presentada anteriormente respecto de la sal: una persona que necesita sal para mejorar el sabor de su comida no la pedirá en una cena de negocios de la misma manera que lo hace en su casa.

Ello dará como posibles resultados textos como: «Me alcanza la sal, por favor», en el primer caso, a diferencia de «Pásame la sal», en el segundo. En otras palabras, las elecciones que un individuo realiza están basadas tanto en el conocimiento de la lengua que está utilizando, en el contexto situacional y cultural en que se emplea dicha lengua, y en los objetivos del sujeto.

La distinción entre texto y oración que aquí presentamos tiene implicaciones directas en lo que concierne al estudio de la lectura, dado que superar un enfoque exclusivamente centrado en la decodificación de oraciones ha permitido focalizar un objeto más complejo, como es el texto. En este sentido, llegar a dimensionar esta diferencia implica entender que la lectura no puede ser vista sólo como un acto de decodificación léxico-sintáctico (acto que ciertamente constituye parte del proceso total de lectura), sino que también incluye una serie de otros procesos, de orden psicosociolingüístico, asociados con conocimientos relacionados con las situaciones comunicativas en que un texto es leído. Por ejemplo, a pesar de que se lleve a cabo un proceso de decodificación léxico-sintáctico adecuado, el texto que presentamos a continuación puede resultar muy difícil de comprender para alguien que no tiene conocimientos relacionados con la cocina. De hecho, es posible que algún lector ni siquiera descubra que se trata de una receta de cocina. Así, también puede haber lectores que habiendo descubierto que se trata de una receta, no sean capaces de generar una representación mental adecuada de los procedimientos que se describen porque sencillamente no conocen el plato ni el tipo de cocina en cuestión. Sin embargo, para un cocinero familiarizado con la cocina china no será difícil comprender la forma en que se preparan los *Riñones en rodajas Tch'Ao Yao Pienn*, incluso si su proceso de decodificación léxico-sintáctico no es óptimo.

Riñones en rodajas Tch'Ao Yao Pienn

Desaguar los riñones en vinagre por 12 horas.
Quitarles la piel, abrirlos por la mitad y limpiarlos, de modo que no les quede grasa ni nervios.

Secarlos y partirlos para que les salga toda la sangre.
Marinar durante 30 minutos en salsa de ostras Ting Ting y *gingseng* coreano.
Remojarlos en agua fría, y luego durante unos minutos en agua tibia.
Derretir la manteca de cerdo junto con *curry* pekinés y echar los trozos de riñones a una sartén.
Sofreír los trozos de riñones.
Ligar la salsa en la sartén con un poco de harina que se habrá disuelto en agua, y con el azúcar.
Poner en la salsa el vinagre para que no se espese demasiado y dar vueltas todo el tiempo.
Regarlos con una cucharada de café molido, aceite de sésamo y ajo verde picado fino.

Desde esta concepción de texto y de lectura, saber leer ya no sólo implica la decodificación léxico-sintáctica de oraciones, sino que implica un esfuerzo por la construcción de significado; todo ello, sobre la base de diversos elementos funcionales y contextuales que son relacionados por medio de la cognición del lector con el texto que se está leyendo. Esto se ilustra en la Figura 7.

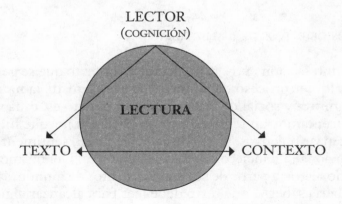

Figura 7. Relación entre lector, texto y contexto durante la lectura.

Sin duda, lo que deseamos resaltar a partir de la Figura 7 es la compleja interacción que se produce entre el lector, el texto y el contexto en cada proceso de lectura. Tal como ya hemos venido señalando, por una parte, cada texto se escribe en un determinado contexto con un fin particular y, por otra, cada texto es leído en un contexto específico con objetivos determinados.

Ahora bien, en sentido muy estricto, diremos que texto escrito puede definirse como la materialización lingüística, en términos gráficos, de una intención o propósito comunicativo, el cual no queda marcado por la extensión ni necesariamente por la organización estructural. Es relevante destacar que existen ciertas condiciones para que un texto sea efectivamente un texto y no, por ejemplo, sólo un conjunto de palabras. Entre ellas, se pueden señalar:

○ *Materialidad:* palabra(s) o dibujos, tablas o esquemas (verbal y no verbal).
○ *Estructura u organización:* cohesión (gramática oracional y gramática textual).

Estos dos rasgos aquí apuntados serán tratados a lo largo de los capítulos de este libro, en términos de estrategias desde las cuales puede resultar una mejor lectura.

Los objetivos de la lectura

La interacción entre texto, lector y contexto que se genera en cualquier proceso de lectura surge a partir de la naturaleza cognitiva y social de cada ser humano. Esto es, cada vez que enfrentamos un texto escrito, lo hacemos porque buscamos alcanzar objetivos, ya sea de carácter social, sentimental, promocional, financiero, intelectual, etcétera. Del mismo modo, todo lector, a partir de sus conocimientos de mundo, sabe —o debería saber— qué texto debe leer para alcanzar algunos de sus objetivos de lectura y también cómo lo leerá con el fin de cumplir sus propias demandas. En otras palabras, la lectura de un determinado texto es un acto intencionado que un lector lleva a cabo con algún propósito. Puede que para cumplir ese objetivo seleccione un texto y ponga en juego un conjunto de estrategias de lectura que le permitan alcanzar su meta. A modo de ejemplo, podemos mencionar la situación cotidiana que cada uno de nosotros ha enfrentado cuando decide ir al cine a ver la última película de acción de su actriz o actor favorito. Si no posee información acerca del lugar, el horario ni el precio, quien decide ir al cine a ver tal película debe encontrar dicha información. Para cumplir ese objetivo, buscará ya sea en la cartelera del periódico o en la disponible en Internet; desde luego, no irá a indagar en una revista de modas. Además, dado que su propósito es encontrar la mencionada información, su lectura se focalizará en la búsqueda de información específica relacionada con la película. Para ilustrar más claramente este ejemplo, presentamos el siguiente texto.

CINE ALAMEDA	CINE UC
SALA 1 **desde el 22 de marzo** *Get real* (14) de Simon Shore. A las 15.30. *Los lunes al sol* (14) de Fernando León de Aranoa. A las 17.30. *Adiós mujeres,* de Kazuki Omori. A las 18.00, 19.00 y 21.00. *Ararat* (14) de Atom Egoyam. A las 19.45 y 22.00. *Plata quemada* (18) de Marcelo Piñeyro. Viernes y sábado a las 00.00. Precios Sala 1 $ 2.500 Entrada general $ 1.900 Estudiantes y 3ª edad $ 1.500 Miércoles	**Sábado 20 de marzo** *Dos amigos,* de Yasuo Furuhata. A las 19.00 y 21.30. **Domingo 21** *Adiós mujeres,* Kazuki Omori. A las 16.00, 19.00 y 21.30. **Lunes 22** *Una mujer de exterior,* de Christophe Blanc. A las 16.00, 19.00 y 21.30. **Martes 23** *Saint-cyr,* de Patricia Mazuzy. A las 16.00, 19.00 y 21.30. **Miércoles 24** *Samia,* de Philippe Faucon. A las 16.00 y 19.00. $ 2.800 Entrada general $ 1.700 Estudiantes y 3ª edad

Como se desprende de su lectura, en este texto es posible encontrar información acerca de una gran diversidad de ofertas. Cuando el interesado en ver la película *Adiós mujeres* se enfrenta a la cartelera, su lectura estará orientada a encontrar la información específica que necesita para alcanzar su objetivo, por lo que focalizará su atención en encontrar el nombre de la película que desea ver. Cuando se da cuenta de que esa película se ofrece en dos cines, en este caso el Cine Alameda y el Cine UC, debe tomar decisiones asociadas a su disponibilidad de tiempo y sus recursos económicos, entre otros aspectos que dependerán de cada individuo. Por ello, habiendo ubicado la película en ambos cines, tendrá que buscar los horarios y decidir el que más le conviene. En este caso, parece ser que la disponibilidad de horarios es similar, por lo que, aparentemente, su elección final no pasará por esta información. Junto a lo anterior, puede focalizar su atención en los precios, que son más convenientes en el Cine Alameda, lo que podría convertirse en un factor determinante para su decisión final.

El ejemplo anterior permite mostrar la manera en que un lector puede enfrentar un texto de acuerdo al objetivo que estableció. Los objetivos de lectura son diversos y dependerán de otros objetivos mayores que un individuo esté persiguiendo en una situación particular. Como también se puede advertir a partir del ejemplo, los objetivos de lectura determinarán la manera en que un lector leerá un texto. Es decir, si enfrentamos un artículo de investigación científica, no lo leeremos de la misma forma que lo hacemos cuando buscamos el horario de la película en la cartelera. La razón para lo anterior es que nuestros objetivos al leer el artículo de investigación científica serán muy diferentes a los que podrían motivar la lectura de la cartelera.

Los géneros discursivos y los objetivos del lector

Para continuar profundizando en los objetivos que orientan la lectura, resulta necesario abordar el concepto de género discursivo. Esto nos permitirá mostrar de mejor manera la relación que existe entre los conocimientos que tenemos acerca de los textos y los objetivos que establecemos cada vez que leemos.

Como ya hemos venido señalando, para que un individuo enfrente un texto escrito con éxito, es necesario que posea y ponga en uso una serie de conocimientos de tipo lingüístico y contextual relacionados con el texto que está leyendo. Esto es posible puesto que las situaciones comunicativas que se generan en la interacción social son relativamente convencionalizadas y estandarizadas. Es decir, las situaciones comunicativas tienden a seguir un patrón que todos los miembros de una determinada comunidad conocemos y respetamos a modo de lograr una interacción efectiva y eficiente. Por lo mismo, tal como en la oralidad sabemos que la sal no se pide de igual modo en la situación comunicativa que se produce en una cena formal que en la que se produce en la casa de un amigo, también en la escritura deberíamos saber que una revista de moda no posee las mismas características lingüístico-estructurales que un texto de estudio. Como se muestra en la Figura 8, la capacidad para identificar estas similitudes y diferencias también nos permite distinguir y clasificar los textos que leemos en diferentes categorías más generales a las que denominaremos *géneros discursivos*.

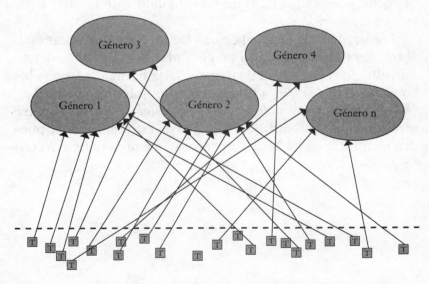

Figura 8. Géneros discursivos como abstracción de los textos concretos.

Las características prototípicas de las situaciones comunicativas, así como las de los textos que utilizamos para interactuar en ellas están almacenadas en nuestra memoria. De este modo, nuestra capacidad cognitiva de discriminación y abstracción nos permite identificar, distinguir y agrupar los textos que leemos de acuerdo a sus características tanto contextuales como lingüístico-estructurales. Tal como se ilustra en la Figura 8, los géneros discursivos constituyen abstracciones que el sujeto lector construye en su mente y almacena en su memoria a partir de los textos que enfrenta en su vida diaria. Las flechas unidireccionales de la Figura 8, desde la materialidad de los textos, muestran la agrupación a partir de una diversidad de instancias concretas de usos particulares. Esto conlleva la idea de que aun cuando los géneros se actualizan como textos en la interacción social, existen, al mismo tiempo, como estructuras de conocimiento construidas y almacenadas de acuerdo a las experiencias previas de los individuos que los utilizan. En términos más concretos, cada uno de nosotros sabe diferenciar entre un folleto, un billete de avión y una revista de deportes porque los ha visto y los ha leído, al menos, alguna vez en su vida.

Así, cada vez que una persona lee un texto particular está, al mismo tiempo, leyendo un ejemplar de un género determinado. Por ejemplo, el texto que María Fernanda García lee en el banco de la plaza podría corresponder al género *Ley*, *Orden Médica*, *Receta de Cocina* o *Manual de Química*, entre otras muchas posibilidades. Algunos de estos géneros se pueden identificar en los textos específicos que presentamos a continuación.

Artículo 5

Los Estados Partes respetarán las responsabilidades, los derechos y los deberes de los padres o, en su caso, de los miembros de la familia ampliada o de la comunidad, según establezca la costumbre local, de los tutores u otras personas encargadas legalmente del niño de impartirle, en consonancia con la evolución de sus facultades, dirección y orientación apropiadas para que el niño ejerza los derechos reconocidos en la presente Convención.

Artículo 6

1. Los Estados Partes reconocen que todo niño tiene el derecho intrínseco a la vida.

2. Los Estados Partes garantizarán en la máxima medida posible la supervivencia y el desarrollo del niño.

Artículo 7

1. El niño será inscripto inmediatamente después de su nacimiento y tendrá derecho desde que nace a un nombre, a adquirir una nacionalidad y, en la medida de lo posible, a conocer a sus padres y a ser cuidado por ellos.

2. Los Estados Partes velarán por la aplicación de estos derechos de conformidad con su legislación nacional y las obligaciones que hayan contraído en virtud de los instrumentos internacionales pertinentes en esta esfera, sobre todo cuando el niño resultara de otro modo apátrida.

Artículo 8

1. Los Estados Partes se comprometen a respetar el derecho del niño a preservar su identidad, incluidos la nacionalidad, el nombre y las relaciones familiares de conformidad con la ley sin injerencias ilícitas.

2. Cuando un niño sea privado ilegalmente de alguno de los elementos de su identidad o de todos ellos, los Estados Partes deberán prestar la asistencia y protección apropiadas con miras a restablecer rápidamente su identidad.

Artículo 9

1. Los Estados Partes velarán por que el niño no sea separado de sus padres contra la voluntad de éstos, excepto cuando, a reserva de revisión judicial, las autoridades competentes determinen, de conformidad con la ley y los procedimientos aplicables, que tal separación es necesaria en el interés superior del niño. Tal determinación puede ser necesaria en casos particulares, por ejemplo, en los casos en que el niño sea objeto de maltrato o descuido por parte de sus padres o cuando éstos viven separados y debe adoptarse una decisión acerca del lugar de residencia del niño.

2. En cualquier procedimiento entablado de conformidad con el párrafo 1 del presente artículo, se ofrecerá a todas las partes interesadas la oportunidad de participar en él y de dar a conocer sus opiniones.

3. Los Estados Partes respetarán el derecho del niño que esté separado de uno o de ambos padres a mantener relaciones personales y contacto directo con ambos padres de modo regular, salvo si ello es contrario al interés superior del niño.

4. Cuando esa separación sea resultado de una medida adoptada por un Estado Parte, como la detención, el encarcelamiento, el exilio, la deportación o la muerte (incluido el fallecimiento debido a cualquier causa mientras la persona está bajo la custodia del Estado) de uno de los padres del niño, o de ambos, o del niño, el Estado Parte proporcionará, cuando se le pida, a los padres, al niño o, si procede, a otro familiar, información básica acerca del paradero del familiar o familiares ausentes, a no ser que ello resultase perjudicial para el bienestar del niño. Los Estados Partes se cerciorarán, además, de que la presentación de tal petición no entrañe por sí misma consecuencias desfavorables para la persona o personas interesadas.

Los géneros ejemplificados en los dos textos anteriores se reconocen como *Ley* y *Orden Médica*. Tal como hemos venido planteando, estos ejemplares corresponden a instancias concretas de los géneros discursivos, lo que se puede apreciar a través de sus características lingüísticas, estructurales y de contenido. La *Ley* trata acerca de las responsabilidades, derechos y deberes de los padres y de los miembros de la familia. Está organizada a través de cuatro artículos subdivididos en un número determinado de párrafos. La *Orden Médica* está extendida a nombre de María Fernanda García y en ella se indica que debe realizarse una ecotomografía de tórax sin contraste. Además, está organizada a través de la identificación de apellido y nombre del paciente con su respectivo número de carné de identidad. También se consigna fecha, nombre del médico y número de colegiado del mismo, junto a la firma del galeno.

Ahora bien, mediante la Figura 9, presentamos la interacción entre el sujeto lector y el texto y procedemos a identificar algunas de las características de uno y otro. Todo ello se encuentra inserto en lo que denominamos el *contexto de lectura*, el cual se constituye tanto por la cultura como por el propio contexto físico. Esto puesto que hemos insistido en la naturaleza social, lingüística y cognitiva de la lectura y se hace fundamental poner estos elementos en su marco de interacción.

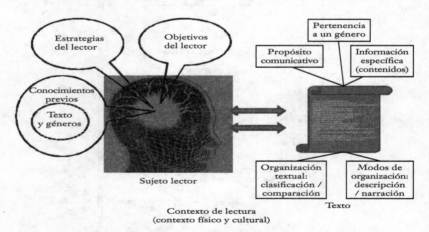

Figura 9. Proceso de lectura como evento social, lingüístico y cognitivo.

Como se aprecia a partir de esta figura, el lector posee una serie de conocimientos de diversa índole así como una batería de estrategias, las que puede poner en juego en el marco de algún o algunos objetivos de lectura que decida perseguir o que el contexto le lleve a identificar. La Figura 9 muestra cómo concebimos los conocimientos acerca del texto y de los géneros del discurso que todo lector construye a lo largo de su vida, esto es, como parte del bagaje amplio de conocimientos de mundo al que todo sujeto se va exponiendo mucho antes de comenzar a aprender a leer. Estos conocimientos del texto y del género son fundamentales para saber leer con éxito y se construyen de forma progresiva a partir de las experiencias de lectura y la interacción con los textos en situaciones diversas. Por su parte, el texto como materialidad externa al lector también posee una serie de rasgos que lo constituyen justamente en lo que es. En esta unidad de sentido particular, se plasma un propósito comunicativo que un escritor busca transmitir así como un conjunto de contenidos temáticos. En su manifestación concreta de tipo lingüístico, el texto se estructura a través de diversos modos de organizaciones textuales o también llamadas retóricas así como de selecciones léxicas y morfosintácticas. Son justamente esta materialidad lingüística y sus encadenamientos diversos los que enfrenta el lector en la hoja de papel o en la pantalla del ordenador.

Es relevante destacar la existencia de una relación compleja entre determinados géneros discursivos y ciertos objetivos que persigue el lector cada vez que lee un texto. Decimos que esta relación es compleja porque, por una parte, se pueden establecer distinciones más específicas en el interior de cada uno de los dos componentes fundamentales de tal relación. Por otra parte, en dicha relación no existe una dirección ni una jerarquía específica en el modo en que el género influye sobre los objetivos del lector o viceversa. Entre los *objetivos del lector* se hace necesario distinguir un primer grupo más general que emerge a partir de las situaciones cotidianas en que el lector se ve inmerso y que podemos denominar *objetivos funcionales*. Entre ellos, podemos identificar los objetivos funcionales de tipo académico, emocional, intelectual, económico y social. Estos objetivos se articulan en diversos contextos situacionales y suelen establecerse con anterioridad a enfrentar el texto. También, estos objetivos enmarcan un segundo tipo más acotado a los que denominamos *objetivos de lectura*. Estos objetivos más específicos suelen establecerse en el momento de enfrentar un texto y se relacionan, por ejemplo, con encontrar información específica, aprender, comprender el significado global.

Como comentábamos con anterioridad, la relación que puede producirse entre determinados objetivos del lector y los géneros discursivos no tiene necesariamente un solo punto de origen. Esto quiere decir que en ciertos contextos es posible que el lector se vea enfrentado a un determinado ejemplar de un género y ante esa demanda deba reaccionar estableciendo ciertos objetivos de lectura. En ese contexto, tales objetivos lo llevarán a cumplir lo que el género está demandando de él. Por ejemplo, esto se puede ilustrar a través de un alumno universitario que dentro de una asignatura de un currículo académico recibe de su profesor un manual técnico para su lectura. En el marco de los objetivos funcionales de tipo académico, el lector enfrentado a ese manual de Física Cuántica puede establecer un objetivo de lectura del tipo «leer para encontrar datos» o «leer para aprender». En otra situación diferente, un investigador o analista político, enmarcado en sus objetivos funcionales también académicos, puede establecer objetivos de lectura como «leer para aprender». En ese marco, el investigador o analista selecciona un artículo de investigación científica o un libro académico en una temática específica para cumplir los propósitos por él perseguidos. Como se puede apreciar en estos dos ejemplos, ambos están enmarcados en objetivos académicos, pero en el primer caso, el alumno lector establece los objetivos de lectura después de verse enfrentado al texto que debe leer. Por el contrario, en el caso del profesional, éste selecciona el ejemplar de un género ya habiendo determinado previamente su objetivo de lectura.

Como un modo de hacer más transparente lo expuesto más arriba, a continuación, a través de la Figura 10, se ilustran las interacciones entre los géneros discursivos y los objetivos del lector. Además, se introducen las estrategias de lectura, que son aquellos procedimientos intencionados que el lector va a implementar para alcanzar los objetivos más específicos de lectura.

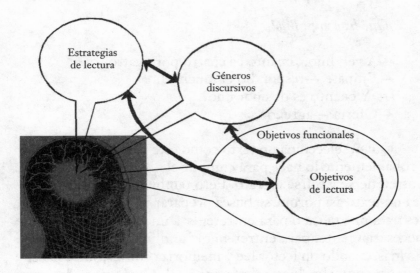

Figura 10. Interacción entre las estrategias, los géneros y los objetivos del lector.

La relación compleja en que hemos venido insistiendo no sólo incluye los objetivos del lector y los géneros discursivos, sino también las estrategias que cada lector utilizará para alcanzar sus objetivos cada vez que enfrenta un texto determinado. Como se aprecia en la Figura 10, las estrategias que un lector utilice estarán directamente relacionadas tanto con el objetivo del lector como con el género al cual el texto que se está leyendo pertenece. No obstante, y dado que la lectura es —entre otras cosas— una actividad de naturaleza tanto social como cognitiva y emocional, resulta necesario señalar que la relación que establecemos entre género discursivo, objetivos del lector y estrategias de lectura puede, en ocasiones, ser variada deliberadamente por el lector. Esto conlleva a que, en algún caso particular, un género que habitualmente se lee con determinados objetivos, sea leído con otros diferentes. A modo de ejemplo, a continuación, presentamos un texto muy breve, a partir del cual mostraremos lo señalado.

¡Qué listo eres, hijo!

—A ver, hijo, ¿cuánto es cuatro por cuatro?
—Empate —respondió el muchacho.
—¿Y cuánto es dos por uno?
—Oferta —agregó.

Quien selecciona un texto como éste para su lectura muy probablemente lo hace para cumplir el objetivo de lectura de entretenerse y reírse un rato. Pero también es factible que se lea un texto así porque se busca preparar una batería de chistes para una fiesta o para entretener a un novio o novia y, no necesariamente, para entretenerse uno mismo como lector. Es más, cuando un lector lee y memoriza chistes, suele hacerlo para contarlos luego de forma oral. Cualquiera de estos objetivos de lectura son viables, pero lo que buscamos también destacar es que resulta difícil que se lea un texto así para estudiar o para buscar información técnica específica.

Diferente al texto anterior es el siguiente.

cajonero, ra.
(De *cajón*).
1. adj. *Guat.* y *Nic.* Dicho de una acción: **repetitiva.** *Trabajo cajonero.*
2. adj. *Nic.* Dicho de un escrito redactado por un abogado: Que no contiene puntos de derecho.
3. m. Mozo o criado que en las jornadas y viajes antiguos cuidaba de las acémilas y de su carga.

4. m. *Ingen.* Operario que en el brocal de un pozo de mina recibe o amaina las vasijas en que se extraen las aguas.
5. m. *Am.* Dueño de un **cajón** (‖ tienda).
6. f. Especie de cajón que tienen las mesas o pupitres escolares para guardar libros y otras cosas.
7. f. Instalación de obra parcialmente enterrada, con tapa de vidrio, para proteger los semilleros.
8. f. **jardinera** (‖ mueble).

Los contextos de lectura en los que podemos encontrar a un lector enfrente de este texto son bastante diferentes a los del texto con el chiste. Sería un poco extraño que un lector buscara en un diccionario información para reírse y pasar el tiempo. Por supuesto, podría en algún caso suceder algo así, pero evidentemente no es lo más común. Quien busca la palabra *cajonero/-a* en un diccionario intenta aclarar su significado —entre otros motivos— porque no comprende lo que lee en un determinado texto, porque le fue dado como una tarea escolar, porque intenta conocer más alternativas para esa palabra. En suma, normalmente se lee un diccionario para buscar una información y se intenta aclarar su significado o las alternativas posibles que no se conocen asociadas a esa palabra.

Como hemos dicho, los géneros discursivos constituyen modos de interacción social. Por lo tanto, lo que se debe visualizar es en qué escenario y con qué objetivos un lector podría requerir interactuar con un diccionario. Como se sabe, este tipo de género se emplea desde muy temprano en la educación formal y constituye un medio de comunicación escrita que los estudiantes aprenden a utilizar. Los diccionarios, como la mayoría de los géneros escritos, presentan una serie de rasgos textuales muy representativos. En este caso, algunos de estos rasgos son diferentes a los del chiste.

Título de una palabra en negrita. La mayoría de los diccionarios suele poner la palabra en orden alfabético y ennegrecido para destacarla del resto.

Listado de acepciones. Cada término suele tener más de una acepción, por lo que se contemplan listados numerados.

Numeración al margen izquierdo. Este formato se emplea para identificar el listado de acepciones.

Uso de abreviaturas diversas. La mayoría de los diccionarios especifica antes de la definición de la palabra en cuestión: adjetivo, masculino, femenino, etcétera.

La descripción es una forma típica de comunicar en un diccionario. Normalmente lo que en estos textos se encuentra es una entrega de definiciones, las cuales no suelen buscar convencer a una audiencia ni transmitir o difundir significados muy técnicos. A no ser que se tratara de un diccionario especializado, pero éste no resulta serlo.

Ya señalamos más arriba que existe la posibilidad de que también se emplee un diccionario con otros propósitos, tal como si se está tomando parte en algún tipo de juego verbal (como es el *Scrabble*) y no se busca conocer el significado de una palabra, sino encontrar una palabra que por la composición de sus letras se ajuste a los requerimientos del juego.

En el siguiente texto, los lectores que lo leen normalmente tienen objetivos de lectura diferentes a los implicados en los dos textos anteriores.

Diversidad genética y herencia en sentido amplio en agropiro alargado, Thinopyrum ponticum

Diez poblaciones naturalizadas de agropiro alargado *(Thinopyrum ponticum)* se evaluaron en un ensayo en bloques completamente aleatorios, con tres repeticiones. Se analizaron caracteres morfológicos y reproductivos por planta individual y se estimaron parámetros estadísticos y genéticos. Las comparaciones entre medias de las diez poblaciones, mediante la prueba de t, mostraron diferencias significativas ($p < 0{,}001$), lo que indica la gran variabilidad existente entre las poblaciones. Los resultados mostraron que los coeficientes de variación ambiental fueron altos para producción de total de semilla (69,24 por ciento), número de macollos (54,93 por ciento), número de espigas (48,50 por ciento) y producción de materia seca (49,01 por ciento), y fueron bajos para largo de espiga (19,11 por ciento) y peso de 1.000 semillas (18,44 por ciento). La herencia fue alta para peso de 1.000 semillas (0,86), producción de materia seca (0,55) y número de macollos (0,55).

Este texto ha sido tomado de una revista científica que publica artículos en el área de la agricultura y la investigación en temas agrarios. El lector que lee el título de este pasaje de un texto mayor se da cuenta de que no es un cuento de hadas, tampoco es una factura de compras ni una prescripción médica para comprar lo indicado por el facultativo. La mayoría de los lectores con cierta experiencia reconoce en este texto un género especializado en que los lectores buscan satisfacer ciertas necesidades y para ello establecen objetivos de lectura particulares, que no son ciertamente divertirse por un tiempo ni buscar información para comprar un nuevo lavavajillas.

La revista en cuestión declara que parte de su misión es:

... difundir el conocimiento científico mediante la publicación de artículos de investigación, notas de investigación, ensayos, actualidad científica y tecnológica, comentarios de libros, cartas al editor y revisiones de literatura, en temas silvoagropecuarios y ambientales, que representen un aporte al conocimiento científico y tecnológico del área respectiva.

La cita anterior indica algunos rasgos posibles de los contextos de lectura más comunes para este texto. Tal como ya se ha apuntado, es factible que un lector determinado lo emplee para cumplir cualquier objetivo que persiga; sin embargo, suele satisfacer ciertos objetivos de lectura por parte de, entre otros, investigadores, académicos o estudiantes en la temática. Esto quiere decir que el estudio, la investigación o la búsqueda de información técnica especializada constituyen objetivos de lectura posibles. En efecto, en este texto, tomado del género denominado como *Artículo de Investigación Científica (AIC)*, se detectan una serie de términos especializados no de uso cotidiano en contextos generales de lectura. También el lector se percata de que requiere conocimiento disciplinar o técnico en el área respectiva, pues se emplean expresiones matemáticas o estadísticas (prueba de t), fórmulas ($p < 0,001$) y porcentajes numéricos (54,93 por ciento).

A través de nuestras experiencias como lectores, vamos enfrentando diversos textos escritos, que progresivamente vamos asociando a categorías —género discursivo— a partir de diferentes contextos de lectura. Por medio de este proceso, aprendemos a leer en nuevos contextos y a construir nuevos medios escritos de comunicación.

Siguiendo con el análisis de objetivos de lectura y géneros, presentamos a continuación un texto acerca de las dietas para perder peso.

Perder peso: ¡tarea fácil!

¿Y si perder peso llegara a ser tan *simple* que todo lo que tuvieras que hacer fuera sentarte en tu escritorio, ordenador o sofá todo el día, y perder peso <u>automáticamente</u> **sin el uso de píldoras dietéticas** y **sin jamás poner un pie en el gimnasio?** Entérate cómo con el nuevo ***libro innovador***, *Pérdida de peso, la dieta definitiva*. Los primeros resultados indican que las técnicas ***científicas validadas*** que emplea este método de pérdida de peso ***superan*** los programas principales adelgazantes en el mercado, incluyendo *Zona*, *Atkins* y la *Dieta de South Beach*.

Este texto suele ser típico de un contexto de promoción de servicios o de venta de productos. Puede aparecer en una revista de ofertas y promociones, puede aparecer en las páginas de venta de productos de diversos materiales escritos como periódicos, magacines, revistas de artículos promocionales y en diversos sitios de la red de redes. En este texto, el escritor emplea una serie de recursos gráficos para apoyar su objetivo, que es «convencer al lector» y llevarlo a comprar «el producto o servicio».

Todo lector que decide leer un texto de este género promocional suele saber, desde la lectura del título, los contenidos que vienen a continuación. No es extremadamente difícil predecir o hacer una hipótesis acerca de lo que trata el texto. Se espera encontrar allí recetas para perder o bajar de peso y sugerencias de productos o manuales que ayuden a cumplir este objetivo. También se sabe que suele ser común que se recomiende comprar urgentemente el producto o servicio.

El empleo de negritas, subrayados, cursivas y signos de exclamación no es asunto casual en este texto. El escritor echa mano de todos los recursos que le permitan llamar la atención del lector y buscar alcanzar su objetivo, que es convencer y hacer una venta.

Ahora bien, en todos los textos que se han mostrado hasta ahora, cada escritor ha buscado cumplir un objetivo específico de escritura al construir los significados que comunica. Para ello, ha utilizado diversos tipos de recursos lingüísticos, gráficos, formales y comunicativos. También ha puesto en acción diversos recursos discursivos, como describir, narrar, argumentar, convencer, etcétera.

Tener conciencia de la relación entre el género que se lee, los objetivos del lector y las estrategias es necesario, puesto que permite al lector desarrollar un proceso intencionado y dirigido a objetivos particulares; sin embargo, tener conciencia de esta relación no es suficiente si el lector no es capaz de adaptar la forma en que enfrentará un texto a los objetivos que ha establecido. Para adaptar su lectura a los objetivos establecidos, un lector debería poner en práctica una serie de estrategias que sean congruentes con la satisfacción de lo que él mismo se ha propuesto. En la Tabla 1 presentamos un objetivo funcional, asociado a un género discursivo, el que, generalmente, conducirá a un objetivo de lectura a través del empleo de ciertas estrategias.

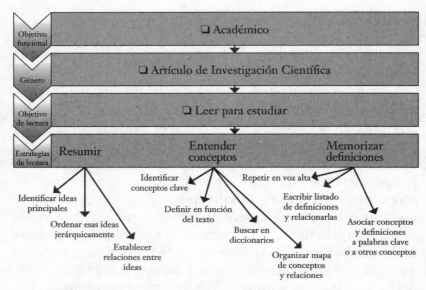

Tabla 1. Relaciones entre género, objetivos de lectura y tipos de estrategias de lectura.

Como se aprecia en la Tabla 1, en cada proceso de lectura, el lector debe ser consciente de la estrecha relación entre el objetivo funcional que lo lleva a leer un texto determinado, el género discursivo al cual el texto pertenece, los objetivos de lectura y los tipos de estrategias de lectura que ha de utilizar. Resulta también interesante observar que así como para diferentes objetivos funcionales, como es el caso de «encontrar el número telefónico de una lavandería» y «comprar una cocina», se pueden establecer los mismos objetivos de lectura, como es el caso de «encontrar información específica», es posible utilizar estrategias diferentes, puesto que las características del género desempeñan un rol fundamental.

Cabe señalar, sin embargo, que sólo los lectores expertos son conscientes de estas diferencias y, por lo tanto, son capaces de establecer objetivos de lectura diferentes para diferentes géneros, así como también adaptar su lectura a tales objetivos, utilizando estrategias exitosas. Gran parte de los lectores novatos no es capaz de utilizar la estrategia adecuada; por lo mismo, desarrollar esta habilidad constituye un desafío, sobre todo para las instituciones de educación primaria y secundaria. De esto se desprende que es necesario capacitar a los alumnos de diferentes niveles para leer estratégicamente. Esto supone que deben desarrollar la capacidad para pensar antes de leer, por ejemplo, en qué género están leyendo, para qué lo están leyendo y cómo lo deben leer. Esto implica que es necesario que los estudiantes tengan claro lo que deben hacer con la información que obtengan de la lectura; por ejemplo, hacer un resumen, contestar preguntas, preparar una presentación oral u otro tipo de actividad o, simplemente, obtener información o aumentar su conocimiento.

CARACTERÍSTICAS DE LOS GÉNEROS Y ESTRATEGIAS DE LECTURA

Parte del procesamiento estratégico de cualquier lector competente involucra la selección de estrategias adecuadas de acuerdo a los objetivos de lectura establecidos. Entre la gran gama de estrategias que un individuo puede utilizar, un tipo de singular importancia está relacionado con los conocimientos acerca de las características lingüísticas, estructurales y contextuales de los géneros que se leen. La utilización de este tipo de estrategias no sólo puede facilitar la construcción de la representación global que se hace del texto, sino también guiar el proceso de lectura, lo que, en definitiva, redundará en un proceso más eficiente. En el texto que a continuación presentamos, un lector experto debería ser capaz de identificarlo como perteneciente al género *Revista de Música*. Incluso, a partir del nombre de la publicación, podría distinguir que no se trata de una revista que se focalice en cualquier tipo de música, sino en el *rock* y en el pop. Por la misma razón, debería saber que está dirigida a jóvenes y que, por lo mismo, sus rasgos, tanto léxicos como gramaticales, reflejarán un carácter coloquial e informal. Del mismo modo, sabría que se encontraría con una gran cantidad de imágenes apoyando y complementando la información presentada verbalmente.

En el caso particular de la revista que acabamos de presentar, una de las características más sobresalientes está constituida por la gran cantidad de fotografías, iconos y láminas que apoyan la información verbal. Este carácter eminentemente multimodal (que discutiremos más en profundidad en el siguiente capítulo) del género en cuestión debería permitir a un lector saber a qué género se está enfrentando.

La organización de la información

Otra característica sobresaliente de los textos, cuando se trata de estrategias de lectura, está constituida por el modo en que en éstos se organiza la información presentada. Estos modos de organización corresponden a tipos relativamente estables de desplegar la información, lo que permite a un lector estratégico identificar una organización estructural sub-yacente en el texto que está leyendo y utilizarla para mejorar su proceso de lectura. Tales formas esquemáticas nos permiten identificar un texto como predominantemente narrativo, descriptivo o argumentativo. A continuación, con el fin de mostrar la relevancia de este conocimiento para desarrollar una lectura estratégica, se describen estos tres modos.

Modo narrativo

En los textos que pueden identificarse como narrativos, las acciones y los acontecimientos son presentados de acuerdo a un orden temporal, generalmente a partir de relaciones de causa y efecto. Entre los géneros que se organizan de esta manera se pueden mencionar la noticia, las fábulas, los relatos, los cuentos infantiles. El siguiente texto permite mostrar lo anteriormente expuesto.

Krol el hambriento

Érase una vez, en un pueblecito cerca de Pli-Pli, que se llamaba Lun Lan, un gran parque; en medio del parque había un bosque gigantesco, y en ese bosque había un lago oscuro y tenebroso en el que vivía un monstruo, que se llamaba Krol.

Krol se había comido todos los monstruos que vivían en el lago y todos los niños que se acercaban a la orilla del lago, y por eso tenía una tripa enorme y redonda. Krol estaba hambriento, ya no había nada que comer. Y los niños ya no se acercaban a la orilla del lago porque tenían miedo.

Hasta que un día, cerca del lago, había un grupo de niños jugando al fútbol y un niño le dio un patadón al balón que fue a parar cerca de una esquina del lago. Krol, que cada día tenía más hambre, de un bocado se tragó el balón.

Así, los monstruos y los niños que estaban dentro de la tripa empezaron a jugar un partido de fútbol entre ellos, y un monstruo le dio un patadón al balón que lo explotó. Todo el aire del balón salió fuera y la tripa empezó a hincharse e hincharse hasta que también explotó.

Entonces todos los monstruos salieron fuera de la tripa y todos los niños se fueron corriendo a sus casitas a decirles a sus papás ya estamos aquí y a contarles todo lo que había pasado. Ahora Krol tenía amigos. Había más monstruos en el lago y podía jugar con ellos. Entonces Krol pensó: «Ya no voy a comer más monstruos ni más niños». Y desde ese momento, Krol sólo comía las frutas de los árboles que había cerca del lago.

Y todos fueron felices, comieron las frutas de los árboles, y colorín, colorado, este cuento se ha acabado.

Como se observa en el ejemplo, los cuentos infantiles se organizan de manera narrativa. En ellos, el relato es construido alrededor de uno o más personajes, en este caso Krol, el monstruo del lago. Además, la historia se desarrolla sobre la base de una serie de eventos enmarcados en ciertos periodos importantes de la historia. Dichos periodos, dentro de una narración, pueden ser identificados como: *presentación*, *complicación* y *resolución*. La *presentación* muestra los personajes y la situación general; además, en el caso de un cuento infantil, su introducción está marcada por frases típicas como «Érase una vez». En el caso de nuestro ejemplo, se presenta al monstruo, el lugar en que vive y sus circunstancias de vida. La *complicación*, por otra parte, presenta algún evento interesante y sobresaliente que termina con el equilibrio establecido en la presentación. En el caso del texto que ofrecemos, el inicio de esta complicación se marca lingüísticamente con la frase «Hasta que un día» y establece un cambio de estado. Por último, la *resolución* vuelve la situación a un estado de equilibrio. En el caso del cuento de Krol, esto sucede cuando los niños salieron fuera de la tripa y se fueron corriendo a sus casas. El inicio de la resolución se marca lingüísticamente a través de la palabra «Entonces».

Al ser capaz de reconocer la organización convencional de un cuento, un lector experto es capaz de optimizar el uso de los datos lingüísticos entregados por el autor. De esta forma, tiene más posibilidades de desarrollar un proceso de lectura completo y coherente. Esto es posible, pues el esquema del cuento que anteriormente describimos no sólo se plasma en el texto, sino que también existe en la memoria del lector, guiando la construcción de la representación del significado del texto (de los personajes, eventos, estados, objetivos y acciones que son descritas en la historia), por medio de la asignación de los eventos principales de la historia a las categorías esquemáticas ya descritas. En este sentido, la organización esquemática de la historia puede ser considerada como una serie de pistas acerca de cómo construir el mundo descrito en el texto. Esto permite también al lector anticiparse a los eventos y mantener un mejor control y monitorización de su proceso de lectura.

La organización global no es el único rasgo que puede resultar útil para un lector estratégico, también existen otros rasgos distintivos y organizadores de la narración. Uno de ellos corresponde a la información de tipo léxico-gramatical, la cual también permite optimizar el proceso de lectura. En el texto que presentamos a continuación mostramos algunos de esos rasgos típicos en la narración.

La caza nocturna

Después de estar mucho tiempo observando desde lejos, la leona líder se decidió a iniciar la cacería. La luz de la luna le permitía ver con claridad al grupo de cebras. Luego de un momento de indecisión, eligió su presa y corrió tras ella. Entonces, la leona saltó sobre la cebra y se aferró a su lomo. Luego, con una rapidez y acción certera, la fiera mordió la gar-

- después
- *decidió iniciar*
- luego
- *corrió*
- entonces
- *saltó*
- luego
- *mordió*

ganta del animal, que se quejaba con desesperación. Acción seguida, la leona se mantuvo sin soltar la garganta de la cebra agonizante. Mientras tanto, la manada de cebras se había dispersado y aún corrían desesperadamente en uno y otro sentido.

Más tarde, al despuntar el alba, la leona se reunió con sus cachorros y los alimentó a destajo.

- acción seguida
- mientras tanto
- más tarde
- al despuntar el alba
- *se reunió*
- *alimentó*

Como se aprecia en el texto *La caza nocturna*, en los textos cuyo foco central es la narración de hechos se suele emplear el tiempo pasado. En ellos, se presenta una secuencia de acciones temporalmente desplazadas. El lector, a veces, es capaz de identificarlas, pues estas acciones pueden estar señaladas por medio de marcadores transicionales de temporalidad (*después, luego, entonces*, etcétera). También los verbos en pasado ayudan a construir la cronología, pues ellos se encadenan de forma semántica en una organización jerárquica de eventos lógicamente presentados. El lector debe prestar atención a la secuencia de verbos.

Modo descriptivo

Volviendo a la organización global de la información, ahora nos concentramos en los textos cuyo foco es de orden descriptivo. Estos textos se articulan, normalmente, a partir de ciertos componentes organizadores, entre los que se puede mencionar la clasificación y la comparación. Están centrados, por lo general, en la caracterización de objetos, personas, situaciones o procesos, a partir de sus cualidades o circunstancias temporales y espaciales. Entre los géneros que presentan esta organización se encuentran los *Manuales*, las *Normas*, las *Leyes*.

El texto descriptivo acerca de las personalidades o temperamentos que presentamos a continuación se articula a partir de la clasificación.

El desequilibrio de los humores del cuerpo humano daba lugar a una serie de temperamentos diferentes. Así, el individuo en que predomina la sangre sobre el resto de los elementos se caracteriza por tener un temperamento sanguíneo, un individuo en que predomina la bilis negra se caracteriza por tener un temperamento melancólico, en el que predomina la bilis amarilla un temperamento colérico, en el que predomina la flema es flemático.

1. Sanguíneo
2. Melancólico
3. Colérico
4. Flemático

El lector notará que no existen marcas lingüísticas que señalen tales clasificaciones. Ellas se construyen por medio de listados donde la puntuación —en este caso comas— permite desplegar la secuencia. De este modo, las marcas de puntuación permitirán al lector estratégico visualizar los diferentes tipos de humor de acuerdo a los rasgos de la bilis.

Los lectores que saben reconocer una descripción en un texto deben tener claro que, así como es posible que se encuentren con un texto organizado en términos de clasificación, también es posible que el texto presente una organización de comparación por medio de semejanzas y contrastes. Principalmente, estos textos pueden caracterizarse como en los que se exponen un conjunto de diferencias y semejanzas (o viceversa) entre dos o más objetos, procesos o fenómenos naturales. Así, la comparación permite mostrar la relación entre dos o más ideas, objetos, personas o animales; el contraste hace emerger las similitudes y diferencias.

El lector puede identificar estos modos de organizar la información en el texto por medio de algunos señalizadores o pistas lingüísticas que destacan la relación de semejanza (*igual, asimismo, también, al igual que, se parece a, de la misma manera*) o de diferencia (*por el contrario, en cambio, sin embargo, distinto a, a diferencia de*).

El siguiente texto es un ejemplo de esta organización a que el lector debe estar muy atento.

Dinosaurios
- desaparecidos
- reptiles gigantes
- espina dorsal
- cuatro patas
- piel escamosa
- vegetarianos
y carnívoros

En la actualidad,
aunque, aún,
también, igual,
del mismo modo,
muy similar,
a diferencia de.

Rinoceronte
- sobreviviente
- vive en África
- cuatro patas
- espina dorsal
- piel escamosa
- herbívoro

Los dinosaurios siguen vivos

Los dinosaurios son animales hoy desaparecidos que vivieron en la era Mesozoica. Se los considera reptiles gigantes con espina dorsal, cuatro patas y una piel escamosa casi impenetrable. Muchos de ellos se alimentaban básicamente de vegetales, que consumían en gran cantidad. Otros eran unos feroces carnívoros. En la actualidad, algunos científicos piensan que los dinosaurios no han desaparecido del todo y que aún habitan entre nosotros. Para algunos, el rinoceronte es un sobreviviente de la Prehistoria. Aunque algo amenazado de extinción, aún corre libre por las sabanas de África. También tiene cuatro patas. Igual a sus parientes lejanos, posee espina dorsal. Del mismo modo, posee una piel escamosa terriblemente dura, muy similar a los de la era Mesozoica. A diferencia de algunos de ellos, es únicamente herbívoro.

Como se aprecia, la lectura del texto nos conduce a construir una representación mental por comparación de dos animales: uno extinguido y otro vivo. En principio, se describe a los dinosaurios. Luego, a partir de la expresión «en la actualidad» se establece la separación entre el primer párrafo y el segundo. Aquí comienza la comparación. En primer lugar, se listan las similitudes, para pasar por último a las diferencias. Las marcas o pistas de semejanzas son muchas y abundantes; sólo una marca de diferencia aparece hacia el final del texto: «A diferencia de».

También el lector debe estar preparado para descubrir relaciones de contraste por simple yuxtaposición de ideas, definiciones o ejemplos. Esto quiere decir que no se incluye en el texto ninguna marca explícita que destaque la relación misma. En este caso, el lector, en su afán por construir una representación mental de los significados del texto, debe vincular o relacionar los objetos yuxtapuestos e identificar si son semejantes o diferentes.

Resulta interesante llamar la atención sobre un hecho singular: la descripción por medio de la comparación no se dispone en todos los textos de un modo uniforme. Los escritores disponen de diversos recursos para llevarla a cabo. Por ello, los lectores estratégicos deben estar muy atentos a descubrir nuevos y diversos mecanismos de descripción. En lo que sigue, se presenta el mismo texto anterior acerca de los dinosaurios y el rinoceronte, pero ahora la comparación por contraste y semejanza se ha dispuesto de forma diferente.

Los dinosaurios siguen vivos

Los dinosaurios son animales hoy desaparecidos que vivieron en la era Mesozoica. No obstante, en la actualidad, algunos científicos piensan que los dinosaurios no han desaparecido del todo y que aún habitan entre nosotros. En cambio, el rinoceronte es un sobreviviente de la Prehistoria. Aunque algo amenazado de extinción, aún corre libre por las sabanas de África.

No obstante,
en la actualidad,
en cambio, aunque,
aún.

91

A los dinosaurios se los considera reptiles gigantes con espina dorsal, cuatro patas y una piel escamosa casi impenetrable. Por su parte, el rinoceronte también tiene cuatro patas. Igual que sus parientes lejanos, posee una espina dorsal y, del mismo modo, posee una piel escamosa terriblemente dura, muy similar a los de la era Mesozoica.

> Por su parte, también, igual que, del mismo modo, muy similar a.

Los dinosaurios se alimentaban básicamente de vegetales, que consumían en gran cantidad. Otros eran unos feroces carnívoros. Por el contrario, a diferencia de algunos de ellos, el rinoceronte es únicamente herbívoro.

> Por el contrario, a diferencia de, únicamente.

Como se decía más arriba, el texto que aquí presentamos es, en contenido, exactamente igual al anterior, y su organización es, del mismo modo, comparación por contrastes y semejanzas; sin embargo, se ha reorganizado la información en comparación de modo que se destaquen los contrastes en paralelo con las semejanzas.

Modo argumentativo

Ahora bien, cuando se trata de la interacción comunicativa, las personas no sólo se ven expuestas a relatos o descripciones, sino que además intercambian ideas y puntos de vista, adentrándose en una negociación que involucra la presentación y la recepción de planteamientos, así como también de argumentos que justifican o refutan dichos planteamientos. En los textos que se producen con estos propósitos, la información es desplegada en un orden lógico, demostrativo o persuasivo. El centro de la argumentación lo constituye la tesis, núcleo fundamental en torno al cual se reflexiona y se elaboran argumentos para sostenerla o refutarla. Tales argumentos se sustentan en datos de diversa naturaleza, los que pueden funcionar como garantías o respaldos de tales argumentos. Entre los géneros que presentan este modo de organización se puede mencionar el *Artículo de Investigación Científica*, la *Carta al Director*, el *Editorial Periodístico*, el *Libro de Reclamaciones* y, actualmente, el *Blog*. A continuación, presentamos un texto para ilustrar lo anteriormente expuesto.

La gripe A1H1 se ha convertido en los últimos meses en el terror de jóvenes y adultos. Lamentablemente, los medicamentos asociados a esta enfermedad están agotados en las farmacias y los consultorios públicos han colapsado. No obstante, parece ser que no existe una solución concreta al problema. Ciertamente, esta lamentable situación tiene su causa en las malas políticas públicas relacionadas con la salud de los ciudadanos.

En el texto el autor expone su punto de vista respecto de políticas públicas relacionadas con la salud de los ciudadanos. Como se puede apreciar en la Tabla 2, para ello utiliza una serie de datos que respaldan su punto de vista.

Despliegue de argumento	
Dato	La gripe A1H1 se ha convertido en los últimos meses en el terror de jóvenes y adultos.
Dato	Los medicamentos asociados a esta enfermedad están agotados en las farmacias.
Dato	Los consultorios públicos han colapsado.
Tesis	Las políticas públicas relacionadas con la salud de los ciudadanos son deficientes.

Tabla 2. Despliegue de argumento.

Como hemos venido señalando, ser consciente de la organización que subyace a los textos nos facilita la construcción del significado del texto que leemos. En el caso del texto con predominio de un modo argumentativo, si un lector utiliza estratégicamente este conocimiento, será capaz no sólo de comprender el significado global del argumento, sino de identificar las tendencias y posturas del autor, así como de enfrentar o criticar la postura del autor. Para ello, una herramienta fundamental se encuentra en el nivel léxico-gramatical. Ejemplo de esto son los marcadores como «Lamentablemente», «No obstante», «Ciertamente», «lamentable». Estos marcadores permiten identificar la postura del autor del texto y, en efecto, en la medida en que el lector sea consciente de su función, permitirán el desarrollo de un proceso de lectura más eficiente (para un análisis más detallado del modo de tomar conciencia de las posturas del escritor y lector, véase el capítulo III).

En este capítulo hemos presentado ciertos conocimientos y estrategias asociados al texto. Principalmente, nos concentramos en la relación que se genera entre los objetivos del lector, los géneros discursivos y las estrategias fundamentales para llevar a cabo una lectura adecuada. Creemos que el conocimiento y uso eficiente de estos conocimientos constituyen una diferencia nuclear entre un lector experto y uno no experto. En los capítulos siguientes profundizaremos en otras características que creemos importantes cuando se trata del texto como objeto de la lectura. Nos referimos, por ejemplo, a la modalidad (capítulo III) y a las características de los textos especializados (capítulo V).

III

Estrategias que nos ayudan a comprender lo que leemos

La inquietud de enfrentar la hoja de papel, el monitor del ordenador o la pantalla del teléfono móvil

Muchos lectores poco expertos han sentido alguna vez cierta inquietud al aproximarse a una hoja de papel con signos impresos o a una pantalla de ordenador y darse cuenta de que, desde allí, deben construir un significado que algún escritor (probablemente desconocido) se propuso hacerles llegar. La posible preocupación emerge, en parte, porque no se está seguro de saber acerca del tema que se enfrenta, ni de tener certeza de que se maneja el vocabulario fundamental contenido en ese pedazo de papel o pantalla. También esa relativa inquietud puede surgir debido a que se piensa que se es lento en la decodificación de las palabras, que no se es buen lector dado que en ocasiones ha enfrentado dificultades para entender el significado propuesto en un texto. O sea, muy posiblemente muchas veces es la propia imagen como lector la que podría impedir alcanzar una comprensión profunda del texto, más que la falta de dominio de estrategias eficientes.

Sin lugar a dudas, algunas de estas sensaciones del lector en lo que respecta a leer tienen una parte de razón, pero también es importante destacar que existen prejuicios y concepciones erradas que son vitales abordar. Parte de estos posibles problemas de lectura radican en el concepto que se maneje de texto escrito y en las metodologías empleadas con él para la enseñanza/aprendizaje de la lectura. *Saber leer* y alcanzar un grado profundo de comprensión no es una tarea sencilla, pero tampoco es un desafío sólo para personas altamente expertas.

Tal como ya se ha venido enfatizando en los capítulos precedentes de este libro, el texto escrito presenta una serie de rasgos que entregan información al lector que desea construir un significado coherente a partir de las letras que se leen en un papel o en un visor (de rayos catódicos) o en una pantalla de LCD. Uno de los aspectos fundamentales para lograr una lectura profunda es que el lector esté muy motivado y dispuesto a participar activamente en la interacción, por ejemplo, con la hoja de papel, la pantalla del ordenador o del teléfono móvil o los letreros publicitarios de las calles.

LOS TEXTOS Y LAS CONEXIONES QUE DEBE REALIZAR UN LECTOR ACTIVO

Existen diversas terminologías y nomenclaturas en la literatura especializada para referirse a los procedimientos que un lector pone en práctica para leer y hacer coherente el contenido del texto que enfrenta. Tal como ya hemos insistido en otros apartados de este libro, no pretendemos, necesariamente, emplear términos demasiado técnicos, sino más bien abrirnos hacia un público amplio que se aproxime a cuestiones tan fundamentales en la vida cotidiana de un sujeto común y corriente como es *saber leer*. A pesar de esta premisa que nos ha guiado, tampoco es posible evitar definitivamente toda terminología especializada para dar cuenta de un proceso complejo y llegar así a construir un panorama de lo que significa comprender los textos que cada día nos circundan de modo creciente y desde diversos medios tecnológicos. Estos textos demandan atención y cumplen diversas funciones vitales en la vida de las personas. El acceso al conocimiento disciplinar y especializado se vehicula sobre todo a través del lenguaje escrito (por ejemplo, contratos, informes técnicos o financieros, artículos científicos, etcétera); de más está aquí defender la relevancia de *saber leer*. Ya no es sólo la revolución de Gutenberg, sino la revolución virtual y la de los mundos posibles; todas ellas nos acechan en cada esquina. A pesar de ello, el texto escrito y la necesidad imperiosa de *saber leer* es una cuestión que no pasa de moda sino que se potencia y se posiciona cada vez en un lugar más crucial y en un mundo donde el acceso a la información actualizada y vigente constituye un elemento básico de supervivencia humana.

Desde esta perspectiva y con el objetivo de profundizar en los mecanismos que nos ayudan a leer y comprender lo leído proponemos un término que estimamos relevante y que plasma un concepto central que buscamos transmitir: este término es el de *estrategia*. En este contexto, las estrategias apuntan a procedimientos cognitivos y lingüísticos de diversa índole que cada lector, de modo particular, lleva a cabo con el fin de cumplir un determinado objetivo cuando enfrenta una tarea de lectura. Estos procedimientos son diversos y no se pueden recomendar de modo general o único, dado que ellos son personales. Ésta es una característica muy importante de la definición de *estrategia* y, por ende, debemos enfatizar que no existe un camino exclusivo para leer y comprender un texto.

Ahora bien, es posible que un lector sea más o menos consciente de su participación en la actividad de lectura o de que está ejecutando acciones estratégicas diversas guiado por objetivos particulares en virtud de un fin. Por el momento, esto no será foco de nuestra preocupación. En definitiva, este conjunto de procedimientos que un lector pone en juego para construir una representación mental de lo que va leyendo es lo que denominamos *estrategia*. Como decíamos, no es motivo de discusión aquí si este procedimiento psicolingüístico se ejecuta deliberada y planificadamente por parte del lector o si se desarrolla de modo inconsciente y en un proceso automatizado. Lo que nos preocupa es el grado de eficacia del procedimiento en sí y el cumplimiento del logro que se busca alcanzar.

Tal como señalamos, el término *estrategia* nos ayudará a mostrar una serie de procedimientos que ejecuta todo lector implicado en la tarea de comprender lo que se lee. Las estrategias, como ya apuntamos, corresponden a acciones cognitivas y lingüísticas que los lectores ponen en ejecución para alcanzar un objetivo de lectura y también para enmendar, redireccionar o reorganizar un plan de lectura determinado al ver que no tiene éxito en su tarea.

Históricamente, el término *estrategia* proviene del campo militar y se refiere a cualquier conducta que, orientada por un objetivo, logre dicho fin en forma económica; con economía de tiempo, de esfuerzo, de bajas, de armas, de dinero. Para desarrollar una conducta estratégica es necesario, en primer lugar, saber qué es lo que uno quiere, es decir, tener claro el objetivo que se persigue y qué es lo que se quiere lograr. Normalmente, uno debe decidir entre dos polos: tiempo o esfuerzo por una parte, valores por otro. Estos valores pueden ser vidas, dinero, perfección en la tarea. Así, por ejemplo, si mi mejor amigo ha tenido una hija y quiero regalarle una muñeca, debo decidir entre comprarla —gastando dinero pero ahorrando tiempo— o hacerla yo misma —ahorrando dinero pero gastando tiempo o esfuerzo—; si tenemos que ir a visitar a un amigo, tenemos que decidir si ir en bus —gastando dinero pero ahorrando tiempo— o ir a pie —ahorrando dinero pero gastando esfuerzo—. La conducta consciente del ser humano tiende a ser estratégica, decidiendo qué le es más valioso (tiempo, esfuerzo, dinero, amistad, buen rendimiento, etcétera).

Hoy en día existe gran discusión respecto de los tipos de estrategias posibles, de los rasgos fundamentales que las caracterizan y distinguen de otros procedimientos de lectura y de las clasificaciones en que ellas pueden agruparse. Estos debates no serán objeto de este libro y enfocaremos este asunto con una mirada amplia. Siempre dejando muy en claro que somos conscientes de estas complicaciones conceptuales y terminológicas, pero que no ahondaremos en ellas en este libro.

Ahora bien, si reflexionamos acerca de la naturaleza del texto escrito y, al mismo tiempo, focalizamos los diversos y variados pasos que ponemos en práctica como lectores cuando

enfrentamos, por ejemplo, la lectura de un anuncio publici-
tario en el supermercado del barrio en que se promocionan
los descuentos para ciertos productos, seguramente repara-
remos en que mucha de la información contenida en dicho
texto no se encuentra explicitada en el folleto promocional
y que, muy posiblemente, no esté del todo clara ni conectada
de forma lo bastante explícita. Muchos de los productos sólo
aparecen como fotos o imágenes sin mayores explicaciones
o descripciones y los textos verbales suelen ser breves y de
naturaleza descriptiva y persuasiva. Estas escasas pistas entregadas en este texto promocional nos revelan, en realidad, los
rasgos de cualquier texto escrito y nos llevan a reflexionar
acerca del rol del lector en la lectura.

Estas estrategias, que suelen ejecutar la mayoría de los
lectores, sirven para organizar coherentemente la información
contenida, por ejemplo, en el folleto promocional que comentábamos más arriba. Esta información presente en la hoja de
papel puede ser de dos naturalezas: verbal y no verbal. Lo
verbal guarda relación con lo lingüístico y textual. Lo no verbal apunta a toda información no lingüística, como dibujos,
fotografías, diagramas, etcétera. Más adelante nos centraremos
en los procesos de lectura de textos que contienen estos dos
tipos de formato de información. En este apartado, en cambio,
revisamos estrategias de lectura a partir de textos de naturaleza unimodal, es decir, sólo verbal.

A continuación comentaremos y ejemplificaremos algunas de las estrategias fundamentales para saber leer comprensivamente.

Algunos tipos de estrategias de lectura

Tal como hemos venido diciendo, cuando un lector enfrenta
la lectura de un texto, son diversos los procesos que debe
poner en ejecución. Existen ciertas estrategias que podemos
desarrollar a partir de la organización de la información presente en el texto y de marcas o pistas lingüísticas explícitas en

él. Enfocaremos, a continuación, tres tipos de estrategias generales a partir de las cuales se pueden detallar otras más específicas. En cada caso, se presentarán ejemplos.

1. Cómo relacionar personas, cosas y situaciones que se vuelven a nombrar a lo largo de un texto

Una idea importante durante el proceso de lectura es saber de qué se está hablando y darse cuenta de si se continúa hablando de lo mismo o se varía el foco a un nuevo tema. Es recomendable que todo lector experto desarrolle cierto grado de conciencia de este punto mientras va leyendo un texto, pues conviene que esté atento a posibles giros de la temática, cambios de foco, etcétera. Se pueden identificar, al menos, tres tipos de estas estrategias:

a) Relacionar una misma expresión
Una forma muy típica de saber, al estar leyendo un texto, que existe continuidad en el tema que se aborda es que se repitan una o varias palabras idénticas, que apuntan a identificar la misma persona, objeto o proceso. El siguiente texto muestra varios ejemplos de ello. Todo lector debe aprender a unir cada una de esas cadenas para lograr comprender cabalmente lo que lee.

José Francisco Pacheco llegó a la hora a su oficina, muy temprano el lunes. José Francisco Pacheco sabía que esa mañana se debía reunir con la señora Amanda López. En la oficina todo estaba previsto para la importante cita y su secretaria ya tenía toda la documentación necesaria. La señora Amanda López llegó puntualmente y venía acompañada de su abogado. José Francisco Pacheco salió a recibirlos a la recepción de la oficina, en cuanto fue informado por su secretaria de la llegada de ambos.

Como se aprecia en la lectura de este pasaje textual, saber leer implica emplear estrategias de reconocimiento de las palabras que se repiten y de la identidad semántica entre ellas, con el fin de saber que existe cierta continuidad respecto de lo que se lee. En este caso, tenemos cuatro expresiones que se repiten al menos una vez: «José Francisco Pacheco», «oficina», «señora Amanda López», «secretaria».

Un lector que busca comprender lo que lee debe darse cuenta de que cada una de estas expresiones se repite y que apunta a la misma persona o cosa. Es decir, no se ha variado el referente, sino que existe continuidad en el texto. Estos mecanismos estratégicos, basados en las marcas lingüísticas a partir del contenido semántico de las expresiones, permiten que el lector construya un texto coherente en su mente y pueda dar sentido a las palabras del pasaje textual.

En el siguiente tipo de estrategia veremos que, desde el tipo presentado más arriba, es posible avanzar hacia otra algo más compleja. Continuaremos, con los ejemplos, a partir del mismo texto.

b) Relacionar una expresión con otra diferente

Todo lector aprende, durante el desarrollo de sus estrategias de lectura, que existen expresiones en el texto que sirven para continuar refiriéndose a lo mismo: las palabras o expresiones varían, aunque lo que se nombra o a lo que se apunta es lo mismo. Este mecanismo que los escritores ponen en práctica al construir los textos exige del lector experto aprender a descubrir y resolver con éxito estas relaciones. Durante el proceso de lectura de todo texto resulta fundamental que se reconozcan estas repeticiones, pues si en todos los textos nunca se variara la forma de nombrar y re-nombrar, el texto se tornaría muy aburrido y para el lector la tarea de comprensión se vería dificultada. En este sentido, la construcción de un texto descansa sobre el supuesto de que existe un escritor que ha realizado su mejor esfuerzo para dejar pistas suficientemente claras pero no demasiado reiteradas o monótonas.

Leamos una nueva versión del pasaje textual presentado anteriormente.

<u>José Francisco Pacheco</u> llegó a la hora a su oficina, muy temprano el lunes. <u>Él</u> sabía que esa mañana tenía una reunión con la señora Amanda Francisca López. En su oficina todo estaba previsto para la importante cita y su <u>secretaria</u> ya tenía toda la documentación necesaria. La señora López llegó puntualmente y venía acompañada de su abogado. <u>José Francisco</u> salió a recibir**los** a la recepción, en cuanto fue informado por **Susana** de la llegada de ambos.

En este ejemplo, las marcas lingüísticas explícitas desde la superficie del texto, aunque menos evidentes, muestran las conexiones que un lector experto puede establecer y para las cuales se vale de ciertas estrategias de lectura. Para establecer la continuidad del texto y de su contenido, es fundamental que todo lector descubra la relación entre, por ejemplo, «José Francisco Pacheco» y «Él», es decir, lo que técnicamente llamamos entre el nombre propio y el pronombre personal. También debe darse cuenta de que «señora Amanda Francisca López» y «señora López» son la misma persona y que se continúa hablando de ella, a pesar que se ha reducido la expresión y se han eliminado elementos de la primera mención. Esto implica que no se ha introducido un nuevo personaje, sino que nos referimos a la misma señora.

Otro caso, un tanto similar a los anteriores, apunta al uso de estrategias de lectura que ayuden al lector a reconocer que «reunión» y «cita» apuntan a lo mismo y que no se habla de dos cosas diferentes. En este caso, se ha usado un sinónimo para no repetir la misma palabra. Por último, tenemos otro tipo de reemplazo que se incrusta al final de un verbo y hace mención, en este ejemplo, a personas señaladas con anterioridad. Tal es el caso entre señora López y su abogado y la marca lingüística adherida al final del verbo RECIBIR-*los*. Este elemento lingüístico, al que se le asignan diversos nombres técnicos (clítico, pronombre, acusativo, etcétera), es la marca de que «se recibe» a «dos de las personas mencionadas antes y que eran esperadas en la oficina», es decir, a la señora López y a su abogado.

Como se aprecia, el reemplazo de una expresión por otra puede tomar diversas formas lingüísticas. Todas ellas exigen al lector experto un manejo de ciertas estrategias de lectura muy particulares que se deben ir desarrollando paulatinamente a través del proceso de aprendizaje de la lectura.

Ahora bien, este recurso de la no repetición de las mismas palabras en el texto para referirse a algo ya nombrado se constituye en el núcleo de este tipo de estrategias de lectura que todo lector suele aprender a desarrollar para *saber leer* con éxito. Como ya decíamos, un texto en el que se emplee excesivamente el mecanismo de repetición de una forma de nombrar a alguien o a algo puede llevar a que el lector experto dude del carácter de texto de ese pasaje, debido en parte a la falta de novedad en la información presentada. También es factible que piense que es un texto muy mal escrito o estime que no puede leerlo porque no es capaz de comprender lo que allí se dice. Ante cualquiera de estas alternativas, seguramente el lector abandonará la lectura de ese texto y sentirá que sus estrategias no logran ayudarlo a resolver este problema. Justamente por eso la lengua provee los mecanismos para que en los textos sea posible ejecutar el reemplazo de una expresión por otra sin perder la coherencia. Y ello lleva a desarrollar estrategias de lectura que conducen a realizar las conexiones necesarias entre los componentes del texto para alcanzar una comprensión profunda de lo leído.

Alguien podría pensar que es muy obvio reparar en estas cuestiones y que estas relaciones textuales, fundamentales para la comprensión de un texto, no significan problemas para los lectores. Podríamos incluso decir que todas las marcas de vinculación están muy claras en el pasaje textual usado como ejemplo. Lo cierto es que, aunque parezca una obviedad, la mayoría de los lectores no expertos o inmaduros no tienen un manejo adecuado de estas cuestiones y, por ello, cometen errores de lectura y no alcanzan a comprender lo que leen. Estos problemas de lectura son un asunto muy común entre los lectores principiantes y por ello es necesario apoyar el desarrollo de estrategias de lectura y comprensión.

El último texto que presentaremos acerca de este mecanismo de conexión lingüística y sobre el cual todo lector debe desarrollar diversas estrategias, se presenta a continuación.

Sonda japonesa sí se posó en el asteroide Itokawa
Se buscan valiosas imágenes

La sonda nipona Hayabusa aterrizó con éxito el pasado domingo durante unos instantes sobre el asteroide Itokawa, situado entre la Tierra y Marte, rectificó la agencia de la Exploración Espacial de Japón. El domingo 20 de noviembre, los técnicos de la misión anunciaron el fracaso de la nave con la que habían perdido contacto, y aseguraron que se había desviado de su trayectoria y vagaba por el espacio entre esos dos planetas. La nave, lanzada al espacio en 2004, tiene el objeto de conseguir muestras directas de ese asteroide que se encuentra a 290 millones de kilómetros de nuestro planeta, a fin de conocer más detalles sobre el origen del Sistema Solar. Si todo sale según lo previsto por los astrónomos nipones, la sonda volverá a la Tierra en 2009 con las muestras obtenidas.

En apariencia este texto no presenta mayores problemas de lectura para un lector experto. Sin embargo, es necesario emplear diversas estrategias de lectura para hacer de éste un todo de significado coherente. El texto se articula a través de una serie de conexiones léxicas de sinonimia que el lector debe ser capaz de conectar adecuadamente para saber de qué se escribe. Una muestra gráfica de ello se muestra a continuación.

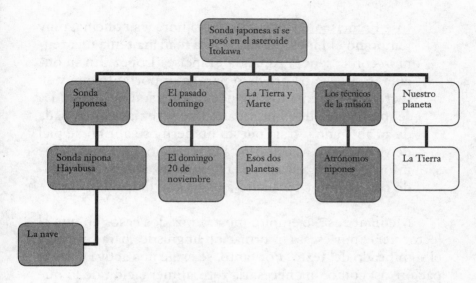

Este diagrama indica algunas de las diversas expresiones que a través del texto se han ido empleando para nombrar una y otra vez una misma cosa. Como se puede apreciar, en algunos casos se emplean tres expresiones diferentes para referirse a la sonda. En los otros casos se usan dos expresiones con variaciones diversas.

Veamos, a continuación, la tercera y última estrategia de este grupo, de igual importancia que las anteriores, para la lectura profunda de un texto escrito.

c) Completar espacios vacíos

Todo lector maduro o experto ha debido desarrollar muchas de las estrategias anteriores a partir de su interacción con textos que presentan marcas lingüísticas que aparecen explícitas en la superficie del texto. En el caso de la estrategia que ahora enfocamos, el mecanismo que aquí opera es la omisión de cierta información textual que es necesario que el lector aporte desde su conocimiento previo, a partir de su lectura del texto, y basado en la información que se le ha entregado en el papel, pantalla o visor. Utilizaremos el mismo pasaje textual anterior con otras modificaciones para acercarnos al tipo de estrategia que, en este caso, buscamos mostrar.

José Francisco Pacheco llegó a la hora a su oficina, muy temprano el lunes. Sabía que esa mañana tenía una reunión con la señora Amanda Francisca López. En su oficina, todo estaba previsto para la importante cita y su secretaria ya tenía toda la documentación necesaria. La señora López llegó puntualmente y venía acompañada de su abogado y traía puesto un hermoso abrigo de piel de visón. Salió a recibirlos a la recepción, en cuanto fue informado por Susana de la llegada de ambos. Los saludó con alegría y los invitó a pasar a su despacho.

Mediante este ejemplo, mostramos dos casos en que el lector tiene muy escasa información lingüística para construir el significado del texto. Por tanto, se exige una activa participación, así como una necesaria retroalimentación de lo que va elaborando en su mente a partir de lo que lee. Las estrategias que se requieren para focalizar el punto en ejemplificación guardan relación con dos personajes de este pasaje textual: José Francisco Pacheco y la señora Amanda Francisca López. El lector de este pasaje debe relacionar a cada personaje con un conjunto de acciones que se despliegan en este texto. Estas acciones están marcadas lingüísticamente por algunos verbos. Así, es necesario que el lector relacione la expresión *José Francisco Pacheco* con seis verbos: «sabía», «tenía», «fue informado», «salió», «saludó» e «invitó». En todos estos casos no existe marca lingüística explícita de que J. F. Pacheco está necesariamente vinculado a estas seis acciones. No obstante, un lector experto sabe identificar a J. F. Pacheco como sujeto gramatical de estos verbos. Es evidente que no existen marcas explícitas de esta conexión (nada lo indica en la superficie del texto), pero el desenlace del contenido del texto lleva a ello. Por ejemplo, no podríamos pensar que quien «sabía que esa mañana tenía una reunión» era la señora López, pues con ella era esa reunión. Tampoco es lógico deducir que quien «fue informado de la llegada de ambos», «saludó a la señora López y su abogado» y «los invitó a pasar a su despacho» era el abogado de la señora López o la secretaria. El que ejecuta estas tres acciones es únicamente J. F. Pacheco. Cualquiera de las otras opciones aquí señaladas hace que el pasaje se torne un texto incoherente y confuso.

¿Cómo aprendemos a construir estas conexiones no necesariamente marcadas de forma lingüística como las anteriores? ¿Cómo desarrolla un lector novato estrategias de lectura que le permitan vincular correctamente estos nexos evitando construir textos incoherentes? ¿Cómo se transforma un lector novato en uno experto?

Todas estas preguntas son muy relevantes y no siempre tenemos una respuesta adecuada para todas ellas.

Una forma de aprender a establecer este tipo de conexiones y desarrollar las estrategias adecuadas es por medio de la búsqueda de una construcción del significado subyacente a la superficie del texto. Esto quiere decir que el lector experto es aquel que rastrea información en torno a cumplir este fin, esto es, a elaborar en su mente el significado del texto. Y ello es mucho más que memorizar partes del texto (que pueda estimar importantes) o seccionar las oraciones iniciales de cada párrafo o focalizar información específica para responder las preguntas que se le han planteado en algún cuestionario o tarea de lectura. Si el lector busca construir este significado central del texto y no se pierde en cuestiones literales o suplementarias como las señaladas anteriormente, es factible que se guíe por ciertas claves que el texto le provee y se apoye en la elaboración de un significado coherente con la información del texto y con su conocimiento previo.

Sin lugar a dudas el texto entrega pistas para esta construcción de significados globales. En este sentido, debemos confiar en el texto y en el escritor que lo ha elaborado. En el caso del ejemplo que citamos, los seis verbos que requieren como sujeto gramatical a J. F. Pacheco están en forma singular, es decir, no aceptan un sujeto plural. Por supuesto, esto hace que cualquiera de los tres posibles candidatos quede disponible (J. F. Pacheco, la señora López y su abogado). No obstante, tal como decíamos más arriba, sólo uno de ellos puede desempeñar este rol gramatical y, fundamentalmente, darle sentido y coherencia del texto. Existe un solo verbo que no presenta mayor ambigüedad; éste es del grupo verbal «fue informado». Aquí se consigna una marca lingüística de género masculino, la cual elimina la posibilidad de que tanto la señora López como Susana sean los sujetos gramaticales de esta oración. En pocas palabras, el sujeto de estas oraciones debe ser un sujeto masculino. Por consiguiente, tanto «su abogado» como «J. F. Pacheco» serían potencialmente sujetos posibles.

Volviendo sobre el texto en análisis, la expresión *la señora López* debe ser relacionada con dos acciones verbales: «venía» y «traía». Ambos verbos exigen que el sujeto gramatical sea la señora López. El significado adecuado que se construye a partir de este texto nos lleva a esta afirmación. No es factible que ninguno de los posibles sujetos gramaticales del verbo «venía» —en el contexto de este texto— sea otro que la señora López. Menos posible es que otro de los potenciales sujetos viniera «con un abrigo de piel de visón». Sí, es cierto que Susana, la secretaria, podría ser una candidata. Pero, basados en nuestro conocimiento previo del mundo en que vivimos, existen al menos dos argumentos que apoyan esta idea: *a)* en general, económicamente hablando, es difícil que una secretaria pueda poseer un abrigo de visón (ya que es un objeto muy caro y, hoy en día, algo difícil de conseguir) y *b)* este abrigo es una prenda de vestir que no se suele usar para ir a la oficina en que se trabaja. Al menos, ello es lo que sucede en el mundo regular y cotidiano. Es cierto que también es posible que un hombre use un abrigo de visón, pero en este tipo de texto no suele ser lo más común. Otra cosa sería si fuera un sueño, una obra fantástica o un mundo posible idealizado. Allí todo puede ocurrir, pero todo lector se debe dar cuenta de qué tipo de texto es el que enfrenta para así establecer la coherencia del mismo y construir su significado fundamental. Existe aún otra relación más sutil, y es la que se da entre su secretaria y Susana. ¿Cómo saber que no son la misma persona?

Ahora bien, si consideramos lo dicho hasta aquí respecto a estas estrategias de lectura y sus subtipos, podemos apreciar que todo lector debe aprender a descubrir las marcas explícitas y no explícitas en un texto escrito y a desarrollar una variada gama de estrategias muy específicas para cada caso. Esto implica que entre un lector activo y el texto que lee debe existir una conexión muy particular gracias a la cual el lector debe estar comprometido en la construcción de un significado a partir de la información textual y su conocimiento previo, pero muy especialmente a través de las estrategias que le permiten elaborar el significado del texto. El siguiente texto es uno de los ejemplos anteriormente empleados, y en éste hemos marcado varios tipos de información lingüística en la cual un lector experto debería apoyarse para ejecutar sus estrategias de lectura.

José Francisco Pacheco llegó a la hora a su **oficina**, muy temprano el lunes. Él sabía que esa mañana tenía una **reunión** con la señora Amanda Francisca López. En su **oficina**, todo estaba previsto para la importante **cita** y **su secretaria** ya tenía toda la documentación necesaria. La señora López llegó puntualmente y venía acompañada de **su abogado** y traía puesto un hermoso abrigo de piel de visón. Salió a recibir**los** a la recepción, en cuanto fue informado por **Susana** de la llegada de ambos. **Los s**aludó con alegría y **los** invitó a pasar a su despacho.

Como lo muestran las diversas marcas en el texto de ejemplo, un lector experto debe ser capaz de ejecutar una gran cantidad de estrategias de lectura para poder relacionar las diversas oraciones y así darle sentido a cada una de ellas en función de las anteriores. La variedad de estrategias también es un asunto relevante. En todo caso, vale la pena señalar que la mayoría de estos procesos de lectura son llevados a cabo con algún grado de conciencia por un lector. En otros casos, dado el grado de experiencia y madurez lectora, es factible que exista mayor automatización. Esto quiere decir que un lector avanzado no está pensando ni analizando conscientemente la estructura del texto ni los diversos tipos de información que debe vincular. Un aspecto muy importante de los procesos de lectura de un texto es que los lectores expertos han logrado automatizar el funcionamiento de los procedimientos de conexión de información y suelen concentrarse principalmente en la coherencia del significado del texto. No obstante, esto no quiere decir que estos lectores no puedan volver a hacerse conscientes de la estructura del texto y revisar los procesos ejecutados y volver a poner en marcha un conjunto de estrategias, si se dan cuenta de que no están logrando construir un significado coherente a partir de la información del texto y sus conocimientos previos.

Otro interesante ejemplo de relaciones similares se presenta en el siguiente texto.

A diario existe una contradicción con respecto a **ella**: los padres **la** «invitan» a su casa y luego, **la** critican. **Este nuevo miembro de la familia** se ha ido transformando en un omnipresente invitado permanente. Para algunos, **ella** constituye la única compañía o el mejor remedio para el aburrimiento. Por eso, a veces la han llegado a llamar «el tercer padre». Diversos estudios demuestran que desde la irrupción de la *televisión* en los hogares ha aumentado fuertemente la agresividad intrafamiliar. El efecto es, en todo caso, a largo plazo.

La mayoría de los lectores expertos tiende a elaborar hipótesis acerca de lo que viene a continuación, luego de leer las primeras líneas de un texto. O incluso, al leer la primera palabra o parte del título. Esto se hace a partir de la información que se le va presentando y basado en las pistas lingüísticas que le van guiando. En el presente texto, durante las primeras tres líneas de información queda una cierta ambigüedad y nuestras hipótesis no logran construir un significado coherente de lo que vamos hasta allí leyendo. Como se aprecia, se va así produciendo una y otra posible interpretación de lo leído; se mantiene una incógnita acerca de quién o de qué se habla. Un momento curioso posiblemente se produce en la construcción

110

del significado cuando en la quinta línea nos sorprende encontrar «el tercer padre», pues no se dice precisamente que sea «la tercera madre». La cadena de marcas lingüísticas que habla acerca de **ella** no logra aclararse hasta la sexta línea: *la televisión*. Este texto constituye un excelente ejemplo de cómo las estrategias de lectura van redirigiéndose y nos van ayudando a construir un significado coherente del texto. Los espacios vacíos se llenan con conocimientos previos, y las hipótesis van generándose unas tras otras, hasta llegar finalmente a encontrar la respuesta definitiva.

En lo que sigue nos concentraremos en dos tipos más específicos de estrategias que nos ayudan a relacionar causas y efectos y a descubrir el significado de palabras nuevas en un texto.

2. Cómo relacionar las oraciones que señalan causas y efectos

a) Descubrir la relación que una palabra establece entre los hechos mencionados en la cadena lingüística

En muchos de los textos que encontramos a diario en nuestra vida cotidiana existe un tipo de conexión que exige del lector un aporte de su conocimiento de mundo para resolver la relación que se plantea. Nos referimos a la relación de causa-efecto. Ésta suele estar muy presente en una gran cantidad de textos que cotidianamente enfrentamos. Por ejemplo, las narraciones están muy marcadas por cadenas de conexiones causales; del mismo modo, algunos textos de ciencias también revelan un número importante de estas cadenas de relaciones causa-efecto.

Veamos un ejemplo:

Nuestros ojos son muy sensibles y muchas veces no nos damos cuenta de lo dañados que pueden estar por el tipo de vida que llevamos. Ello, en parte, porque los televisores y ordenadores descargan una gran cantidad de luces intensas que lastiman estos órganos. Otro problema importante es la contaminación que proviene de las industrias y de los automóviles; en consecuencia, las ciudades muy pobladas son un peligro emergente. Al respecto, el Dr. Mauricio Gómez —experto del Instituto Oftalmológico de Lima— afirma que con frecuencia las personas que viven en la ciudad sufren de fuertes dolores de garganta y de estómago debido a la contaminación de todo tipo.

Preguntas típicas que apuntan a la conexión entre una y otra idea, marcada en el texto por un elemento lingüístico, llevan a establecer con más explicitud la relación causa-efecto. Por ejemplo, preguntas tales como:
— ¿Por qué los ojos pueden fácilmente llegar a dañarse? Porque son muy sensibles.
— ¿Por qué nuestros ojos pueden quedar muy dañados? Por el tipo de vida que llevamos.
— ¿Por qué ciertos aparatos causan daños a los ojos? Porque emiten o descargan una cantidad de intensas luces nocivas.
— ¿Por qué las ciudades muy pobladas son peligrosas? Porque en ellas a veces abunda gran cantidad de contaminación.
— ¿Por qué con frecuencia personas que viven en las ciudades sufren dolores o malestares? Debido a la contaminación de todo tipo de las grandes y pobladas ciudades.

Desde este análisis, si volviéramos a mirar el texto en cuestión y resaltáramos las marcas lingüísticas que conectan explícitamente oraciones que apuntan a relaciones causa-efecto, notaríamos que en el texto efectivamente abundan dichas relaciones.

Nuestros ojos son muy sensibles y muchas veces no nos damos cuenta de lo dañados que pueden estar **por** el tipo de vida que llevamos. Ello, en parte, **porque** los televisores y ordenadores descargan una gran cantidad de luces intensas que lastiman estos órganos. Otro problema importante es la contaminación que proviene de las industrias y de los automóviles; **en consecuencia**, las ciudades muy pobladas son un peligro emergente. Al respecto, el Dr. Mauricio Gómez —experto del Instituto Oftalmológico de Lima— afirma que con frecuencia las personas que viven en la ciudad sufren de fuertes dolores de garganta y de estómago **debido** a la contaminación de todo tipo.

Como se aprecia, este texto está construido sobre una cadena de relaciones causa-efecto que se van organizando en espiral y dan forma al texto. Por ello, es posible elaborar el listado de preguntas que está más arriba, como un modo de hacer explícito el conjunto de rasgos lingüísticos que marcan estas relaciones. Un lector experto debería poder leer estas marcas y, apoyado en ellas, llegar a construir un significado coherente del texto. Por el contrario, muchas veces, los lectores inexpertos no saben activar estos mecanismos lingüísticos de conexión y no reparan en ellos, pues no les asignan relevancia. Estas marcas deberían funcionar como «semáforos» o «balizas» para todo lector, es decir, alertarlo de que allí algo está siendo explícitamente vinculado y que se le presta especial atención.

De modo similar a otras relaciones que hemos revisado ya, también es factible que un texto no esté marcado o señalado con todos estos «semáforos» que en cada esquina advierten que se debe poner especial atención. Tal como ya hemos insistido en varias partes de este libro, las relaciones entre las oraciones de un texto o entre las partes de una unidad textual no necesariamente están marcadas de forma lingüística. La marca no crea la relación, sólo la destaca, justamente como hace una baliza en medio del tráfico de una vía atestada de automóviles.

La mayoría de la gente cree que dos o tres semanas de hacer pesas o ejercicios aeróbicos constituye un buen entrenamiento. Ellos están seguros de que van a lograr un cuerpo perfecto y musculoso. Los especialistas señalan que quienes piensan de este modo están equivocados. Los beneficios del ejercicio son a largo plazo. Se requiere de un trabajo constante y supervisado. La motivación y el deseo de ir al gimnasio deben ser fuertes y sostenidos.

La lectura y la comprensión del pasaje anterior exigen de todo lector la capacidad de conectar los hechos allí señalados con el fin de construir una representación coherente del texto. Es muy cierto que la comprensión profunda de este texto requiere de diversos mecanismos de cohesión y coherencia. Sólo estamos focalizando en este momento uno de ellos. A tal efecto, un lector medianamente experto suele activar sus conocimientos previos y es capaz de vincular causalmente las oraciones así presentadas. Una forma de comprobar si se ha logrado hacer coherente en la mente del lector este texto es presentando algunas preguntas que apuntan directamente a las conexiones causales no marcadas:
— ¿Por qué quienes creen que con un corto entrenamiento físico lograrán un cuerpo musculoso están equivocados?
— ¿Por qué la motivación para ir al gimnasio debe ser fuerte?

Justamente para poder responder de forma satisfactoria a estas dos preguntas ha sido necesario inferir conexiones causa-efecto presentes en este texto. Como un modo de hacer emerger las marcas, en el siguiente texto se han insertado conectores causa-efecto que hacen explícitas algunas de las relaciones implícitas en el texto de más arriba.

La mayoría de la gente cree que dos o tres semanas de hacer pesas o ejercicios aeróbicos constituye un buen entrenamiento. Ellos están seguros de que **así** van a lograr un cuerpo perfecto y musculoso. Los especialistas señalan que quienes piensan de este modo están equivocados, **debido** a que los beneficios del ejercicio son a largo plazo. **Por esto**, se requiere de un trabajo constante y supervisado. **Por lo tanto**, la motivación y el deseo de ir al gimnasio deben ser fuertes y sostenidos.

b) Relacionar causas-efectos a partir de lo que uno sabe previamente

Otro tipo de estrategia muy importante para todo lector es aprender a vincular información textual que expresa causas y efectos. De este modo, la conexión causa-efecto que nos preocupa es aquella que siempre está implícita en los textos y que no está marcada de forma lingüística porque depende del uso adecuado de los conocimientos previos del lector, almacenados en su memoria. Este tipo de relación se hace fundamental para dar coherencia a un texto y depende de la disponibilidad de los conocimientos previos del lector y de su capacidad de ponerlos de modo interactivo a disposición del proceso de comprensión. Esto tiene que ver con lo que también se denomina *conocimiento de mundo,* que es adquirido por todo lector dependiendo de su entorno social, geográfico y educacional, de su edad y también de sus capacidades cognitivas. De este modo, muchos textos exigen que el lector esté al día en determinada información específica y que participe activamente en la construcción del sentido del texto mismo. Sin embargo, si el texto en cuestión no está pensado ni es adecuado para un determinado tipo de lector, éste no logrará comprender lo que lee. Tómese como ejemplo el siguiente pasaje de un texto muy especializado:

Las corrientes anormales diastólicas así como la anormal sensibilidad miocárdica a las catecolaminas son el sustrato electrofisiológico para la aparición de posdespolarizaciones tempranas. Éstas, a su vez, bajo ciertas condiciones —como estrés, uso de ciertos fármacos o trastornos hidroelectrolíticos—, son el disparador de taquicardia ventricular polimorfa, conocida por su característica morfología y con alto riesgo de muerte. El EBHGA produce dos toxinas, las estreptolisinas S y O. La estreptolisina O produce una elevación persistente en los títulos de anticuerpos circulantes, constituyendo un marcador fiel de infección por el EBHGA. La proteína M (proteína de superficie en la pared bacteriana de estreptococos del grupo A con serotipo M) es probablemente el factor virulento más importante en los humanos.

Lo primero ante lo que todo lector no experto en la materia reacciona es la presencia de léxico técnico especializado que no es de conocimiento general. Pero no es éste el único factor que obstaculiza la comprensión, sino la falta de conocimiento previo global en la temática y, a la vez, la dificultad para hacer las conexiones necesarias; ciertamente, muchas de ellas basadas en el léxico de la especialidad.

Volviendo sobre la cuestión de las conexiones causales basadas fundamentalmente en conocimientos previos, léase el siguiente extracto.

Padre e hija permanecieron dentro de la caverna mientras hacían indagaciones diversas. La niña estaba más nerviosa que de costumbre. Esta vez la oscuridad era casi completa. Cada muestra era depositada cuidadosamente en pequeños receptáculos higienizados y con tapas muy herméticas. El padre esperaba alcanzar una muestra importante que, una vez en el laboratorio, lo ayudara a determinar hallazgos certeros.

Las siguientes cinco preguntas son fundamentales para saber si se ha comprendido medianamente este pasaje textual. Léalas una a una e intente responderlas.
— ¿Por qué la niña estaba más nerviosa que otras veces?
— ¿Por qué era importante que los receptáculos estuvieran higienizados?
— ¿Por qué se ponía tanto cuidado al guardar cada muestra?
— ¿Qué profesión tendrá el padre de la niña?
— ¿Era la primera vez que padre e hija hacían estas incursiones en cavernas?

Seguro que un lector medianamente experto resuelve con relativa facilidad muchas de las preguntas aquí planteadas. Sin embargo, es relevante señalar que uno no logra saber, a ciencia cierta, de qué se habla con exactitud. Nunca se menciona la especie, objeto u otro que se recolecta y que, posteriormente, se estudiará. A pesar de ello, nuestros marcos de mundo y conocimientos previos nos permiten responder la mayoría de las preguntas planteadas, hecho que indica que hemos logrado construir una representación coherente de los significados presentes en este texto. Muchas de las cadenas causales no explícitamente marcadas son apoyadas por el conocimiento previo del lector, y así el texto se construye mentalmente como una pieza coherente.

Resulta muy sugestivo darse cuenta de que a veces es posible no determinar con exactitud un núcleo temático, como es el caso del texto anterior, sin que ello afecte en gran medida a su comprensión global. En particular, es importante poner de relieve que aun no conociendo ese dato preciso, el lector logra reconstruir las cadenas causales fundamentales. Ello porque todo lector dispone de importante cantidad de información, almacenada en su cerebro, y desde donde, si la activa de forma correcta, puede aportar a la comprensión textual: que la oscuridad de una caverna pone nerviosa incluso a una niña acostumbrada a ello; que cuando se recolectan muestras para experimentos de algún tipo es recomendable ser muy cuidadoso para no contaminarlas; que el padre debía de ser algún científico, ya fuera biólogo, químico, naturalista, etcétera; que aunque la niña estaba asustada, la presencia del padre era un factor tranquilizador. Todo esto y más es parte de lo que un lector medianamente experto y maduro debería saber para leer y comprender de forma cabal este texto. Incluso sin lograr dilucidar la materia recolectada.

3. Cómo descubrir el significado de una palabra nueva en el mismo texto

En uno de los textos presentados más arriba, destacamos la cuestión del léxico especializado como factor obstaculizador de la lectura comprensiva en el caso de un lector no especialista o conocedor del área disciplinar. En especial, como es el caso en que se concentra en pocas líneas una cantidad considerable de palabras nuevas o desconocidas, para un lector más bien lego en la materia. Lo que queremos señalar en este apartado es que no siempre los textos son totalmente oscuros u opacos en la presentación del vocabulario nuevo. Muchas veces, los escritores conscientes de que están introduciendo nuevos términos emplean recursos lingüísticos que apoyan la lectura de estas palabras. A continuación mostraremos un par de ejemplos muy breves en los que el escritor ha decidido ser muy cuidadoso y dejar pistas lingüísticas explícitas para que su lector comprenda el significado de los nuevos términos.

Los dos textos siguientes son un ejemplo de lo que hemos comentado:

La osteoporosis, *en otras palabras*, <u>la pérdida de tejido óseo</u>, es una enfermedad que afecta a una de cada tres mujeres en el mundo y a la mitad de las personas mayores de 75 años. Si la pérdida es grande, con un leve golpe que se sufra la persona afectada puede sufrir una quebradura de una pierna o una muñeca.

<u>Los lugares donde los campesinos guardaban el trigo, la fruta seca y la cebada</u>, *es decir*, **los silos**, antiguamente eran construidos bajo tierra; a diferencia de lo que sucede hoy en día que se prefieren torres muy altas.

Nótese cómo en cada caso de estos ejemplos la palabra destacada en negrita y subrayado como novedosa o de significado más técnico es precedida o acompañada por una suerte de definición o explicación. Los marcadores «en otras palabras» y «es decir» actúan como nexos que conducen al lector a reparar en tal vinculación léxica y a indicar su contextualización. Un hecho interesante de mostrar es que este tipo de relaciones textuales señaladas por un marcador puede darse en los dos órdenes aquí presentados. El lector, por tanto, deberá estar atento a emplear las estrategias de lectura específicas que le permitan comprender esta relación de modo que el nuevo léxico no estorbe su lectura comprensiva.

Por último, mostramos dos ejemplos que representan dos tipos de relaciones textuales, de mayor complejidad, que un lector experto debiera conocer y en las cuales puede apoyarse para una mejor comprensión de la lectura de cada texto.

La adolescencia, transición entre la infancia y la edad adulta, está marcada por un rápido desarrollo físico y mental. Se inicia en la **pubertad**, etapa en la que los niños comienzan a madurar sexualmente, y termina alrededor de los 18 años.

Como se aprecia en este breve pasaje de un texto, se consignan dos relaciones léxicas de similar estructura textual que apuntan a explicitar la definición de los dos términos considerados por el escritor como novedosos para su lector. Estos términos son *adolescencia* y *pubertad*. En cada caso se hace uso de un recurso léxico-gramatical que denominamos «aposición», que consiste en yuxtaponer una definición al término definido insertándola entre comas, guiones o paréntesis. Este recurso ortográfico apoya al lector en su lectura del texto y lo conduce a la relación léxica de tipo definición así marcada.

En el último ejemplo que consignamos de estas estrategias léxicas de lectura, ponemos énfasis en un recurso algo más complejo y progresivamente más exigente para el lector, en comparación con los anteriores.

Cada día los seres humanos buscamos nuevos y más extraños deportes. Quizás uno de los más novedosos sea la **espeleología**. Este deporte se ha puesto frenéticamente de moda en muchas partes del mundo y aumentan cada minuto sus aficionados. Consiste básicamente en la exploración de cavidades subterráneas con un doble propósito: el placer deportivo y la investigación científica.

Nótese cómo la definición de *espeleología* se despliega luego de una oración larga y coordinada sin ser introducida por ningún tipo de marca o pista lingüística. Además, el sujeto gramatical de dicha oración en que se define este deporte, como es usual en español, no está marcado explícitamente. Sin embargo, a pesar de estas complejidades, muchos lectores expertos o medianamente expertos logran comprender este texto y cuando se les pregunta por el significado de *espeleología* responden de forma adecuada. No obstante, existe un número importante de lectores que no logra leer comprensivamente este texto y no cuenta con estrategias léxicas eficientes que le permitan construir una representación coherente. En estos casos, cuando a estos lectores inmaduros o menos exitosos se les pide que, basados en la lectura de este texto, definan el significado de la palabra *espeleología*, declaran no saberlo y aseguran que en el texto no existe información que permita responder esta pregunta.

Esto, entre otras cosas, pone de manifiesto la importancia de revisar este tipo de estrategias de lectura y estos tipos de estructuras textuales; en particular, es conveniente hacer reflexionar a los lectores para que tomen conciencia de sus capacidades estratégicas, de sus conocimientos previos, de su adecuada utilización y del reconocimiento de pistas lingüísticas explícitas en el texto que los ayudan a saber leer comprensivamente.

LEER Y ESCRIBIR COMO PROCESOS INTERCONECTADOS

Si nos fijamos en las estrategias de lectura que hemos venido revisando y ejemplificando, apreciamos que los procesos estratégicos que el lector puede poner en práctica si desea alcanzar una comprensión profunda están íntimamente vinculados a la estructura del texto y a la organización de la información que el escritor dispuso en él. Por una parte, esto muestra cómo escritor y lector comparten un proceso de comunicación interactivo y complejo que opera, en este caso, a través de la lengua escrita. Por medio de ella, ambos participantes interactúan virtualmente, pues no comparten el mismo contexto de lectura ni necesariamente la misma época ni motivaciones, pero sí existe un cierto contenido temático que les permite interactuar. Por otro lado, esto quiere decir que si el lector y el escritor se relacionan por medio del texto escrito y es el lector el que debe saber leer las pistas que el escritor le ha dejado para re-construir el mensaje intentado por él a través de las palabras escritas, su rol es activo y participativo. Por ello, las estrategias de lectura son un eslabón fundamental en este proceso comprensivo.

Todo esto quiere decir, en parte, que la comunicación a través de la lengua escrita puede encontrar dificultades. Y ello puede provenir de una gran cantidad de factores que no resulta fácil prever ni determinar en el curso de la lectura de un texto. Algunos puntos que producen problemas en este tipo de interacción lingüística son los siguientes:

Del escritor:
1) Cálculo equivocado del conocimiento previo que posee el lector a quien se dirige.
2) Error o desconocimiento de la audiencia definida e intencionada por el escritor.
3) Mal manejo de los mecanismos de textualización por parte del escritor.
4) Uso de conocimientos equívocos o malinterpretaciones.

Del lector:
1) Ausencia de los conocimientos previos requeridos por un determinado texto.
2) Dificultad en poner el conocimiento previo a disposición de la lectura.
3) Escasez de recursos estratégicos.
4) Falta de conciencia del proceso o involucramiento en la tarea de lectura.
5) Falta de control del proceso de lectura para tomar decisiones o enmendar rumbos de ser necesario.
6) Desconocimiento de los propósitos de su lectura o error en el propósito intentado con un determinado texto.

7) Desconocimiento del registro o género discursivo; por lo tanto, falta de conocimiento de la organización discursiva.
8) Exceso de memorización en desmedro de una comprensión profunda como fin de la lectura.

Del texto:
1) Mala calidad del papel, de la textura, del color.
2) Mala calidad de la tinta.
3) Mala calidad de la impresión, tamaño de letra o distribución de la información a través de la hoja de papel (mal diseño).
4) Mal tamaño del papel, libro o texto (exageradamente largo, ancho o angosto).

SABER LEER TEXTOS MULTIMODALES

En el apartado anterior, apuntábamos que un texto puede estar constituido por información de dos tipos: verbal y no verbal. En este caso, decimos que el texto es de naturaleza multimodal. En lo que sigue, focalizamos nuestra atención en textos multimodales, profundizamos en sus características y lo que ello implica para un lector. A continuación, presentamos un primer texto multimodal.

Como se aprecia en este texto de origen medieval, las grafías no nos son conocidas, es decir, no podemos leer la parte verbal del mismo. La verdad es que esto no tiene real importancia para el objetivo que buscamos en este primer momento. El foco de atención aquí guarda relación con la función más básica que se conoce en la vinculación entre lo verbal y lo no verbal: la de decorar o engalanar el texto. En este sentido, este texto multimodal es una muestra de la relación más clásica entre información proveniente de estos dos formatos. Una función que se ofrece a través de dibujos, figuras, fotos o imágenes que acompañan a un texto verbal. Con su inclusión, no se busca otro propósito que no sea un goce estético, el hecho de brindar una obra bella u ofrecer una oportunidad para el deleite. Tal es el caso de las flores y mariposas que acompañan a este texto verbal.

En otros casos esta función decorativa no es tan obvia y puede depender del conocimiento previo del lector y de la novedad que el contenido presente. El siguiente texto es un ejemplo de esto.

Extinción inquietante

Los científicos que han documentado la pérdida del mono colobo rojo de Miss Waldron en África occidental creen que puede ser el primer caso de una oleada de muertes que afectará pronto a grandes animales de la zona, a no ser que se apliquen medidas de protección.

Mono COLOBO © EdeSilva

La extinción de este colobo rojo es la primera confirmada de un primate en el siglo XX. Se trata de una especie muy poco estudiada, descubierta en 1933 por Willouhgby Lowe, que le dio el nombre de su compañera de expedición. Ahora, tras una búsqueda de seis años en 19 áreas selváticas del oeste de África, no se ha podido constatar su supervivencia.

Como se lee en este texto, para una audiencia meta con conocimientos suficientes, la figura del mono no es indispensable para comprender la información verbal aquí presentada. Lo complementa, es cierto. Sin embargo, no es relevante y puede ser totalmente prescindible. La mayoría de los lectores que se aproximaran a este tipo de texto sabrían qué es un mono y sus rasgos generales; por lo tanto, no necesitan de la información gráfica de apoyo. En efecto, como hemos dicho, en este caso la imagen no aporta datos a la información del texto; es un mero complemento o decoración. Éste es el caso de mucha información no verbal, y justamente ello ha derivado en que a veces los lectores no prestemos mayor atención a otros formatos de información que componen los textos. En otras palabras, estamos un poco acostumbrados a que la función de esta información sea decorativa o de duplicación de lo ya dicho en palabras.

El siguiente texto muestra un avance y una diferencia en cuanto al rol de la imagen respecto de los dos anteriores. Leamos todas las informaciones allí incluidas.

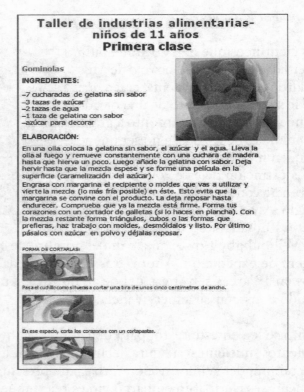

Como se aprecia en este texto multimodal, no sólo tenemos las palabras y oraciones que lo conforman, sino también imágenes. Como hemos venido diciendo, una cuestión muy relevante es que para leer se deben descifrar las letras, y también, según se sostenía en el capítulo inicial de este libro, se leen los dibujos y los diagramas. Aún más: para saber leer bien y en profundidad, junto con leer cada información en una u otra modalidad por separado también es fundamental leerla integradamente. En otras palabras, construir en nuestra mente lo que ya es una unidad integrada en el papel, pero que debemos saber leer como un conjunto articulado de piezas o como un puzle, al cual los lectores deben dar forma unificada.

En este tipo de texto un primer aspecto digno de comentar no es necesariamente la existencia aquí de dos formatos de información, sino —lo que resulta más interesante— la disposición de ellos sobre la hoja de papel. Asunto no menor y que también transmite datos relevantes. En primer lugar, se entrega un listado bajo el título INGREDIENTES. Esto es, un listado de ingredientes, puesto que este texto es lo que denominados una *receta de cocina*. A continuación, se presenta otro subtítulo: ELABORACIÓN. Y se procede a la descripción de los procedimientos. Vale la pena llamar la atención acerca de esta primera modalidad de información, es decir, los datos propiamente lingüísticos que vienen en este texto, que incluyen el modo de listado y subtítulos. Esta información no suele explicitarse de modo alguno y todo lector experto ha debido aprender a hacerla parte de su conocimiento. En el capítulo precedente y en el siguiente se abordan estos textos que llamamos géneros discursivos.

Una cuestión central en este proceso de construcción integrada y coherente de los significados del texto a partir de modalidades diferentes de información (verbal y no verbal) es aprender a descubrir la relación que existe entre uno y otro tipo de datos. En el caso del texto acerca de las gominolas se muestran fases de la preparación de las gominolas en forma de corazón. En las fotos que acompañan al texto verbal se aprecia, por ejemplo, un cuchillo pequeño o cortante que se usa para ayudar a recortar o desprender las figuritas; también se ven en la caja cómo se presentan las gominolas con azúcar, lo que corresponde a la fase final, cuando ya están pasadas por azúcar. Esta complementación de datos no corresponde al mismo formato que apreciamos en el texto acerca de la extinción de un tipo de mono. Aquí hay más que mera decoración, duplicación o fortalecimiento de cierta información. Existen en este texto complementos o agregados que sólo se entregan a través de las fotos y que apoyan así la lectura del texto como un todo.

En lo que sigue y con el objetivo de mostrar cómo operan estos procesos de lectura integradora, revisaremos algunas otras de las muchas posibles relaciones existentes entre información verbal y no verbal. Es importante dejar claro que estas vinculaciones entre uno y otro tipo de información son múltiples y muy variadas y pueden coexistir en un mismo texto, es decir, no son excluyentes entre ellas mismas. A continuación, analizaremos cuatro textos a modo de ejemplo de las estrategias de lectura, que un lector suele poner en práctica.

Veamos entonces cómo se descubren otras relaciones y las funciones subyacentes que se pueden presentar.

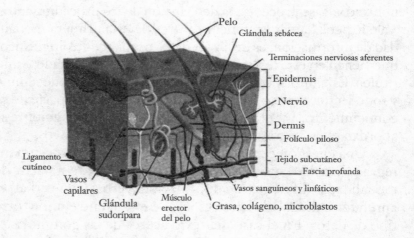

Figura 11. La piel.

Epidermis

La epidermis se compone en su mayoría de queratinocitos, que se encuentran segmentados en el estrato córneo, además de un factor importante que son los melanocitos

126

—también llamados pigmentocitos—, que dan la pigmentación a la piel y que se encuentran justamente sobre el estrato germinativo. En la piel se pueden apreciar, bajo cortes histológicos, células de Langerhans y linfocitos —que se encargan de dar protección inmunológica—, además de mecanorreceptocitos o células de Merckel.

Lo primero que vemos es que el texto tiene una parte constituida por un párrafo de seis a siete líneas y un dibujo que ilustra un corte transversal de la piel. Ahora bien, si leemos *unimodalmente* este segundo texto —esto es, a partir de cada modalidad de forma independiente—, encontramos que en el párrafo verbal se entrega una descripción de un objeto y sus partes constitutivas. En el segmento no verbal del texto, podemos leer el dibujo de un objeto con sus partes y ciertas etiquetas lingüísticas. Esto quiere decir que en cada modalidad se nos presenta información similar. Un lector podría leer de forma independiente uno u otro segmento y, si su comprensión es coherente, habría capturado el mensaje central del texto. No obstante, ningún lector puede anticipar que la información entregada en una y otra modalidad sea la misma y que no exista mayor profundización o detalle en ella. En este caso, entre otras cosas, el dibujo ubica espacialmente los elementos mencionados agregando tamaño y posición respectiva.

Dada la modalidad de información contenida en cada segmento y el tipo de vinculación existente entre ellos, este texto multimodal se constituye en uno básico y prototípico. La relación funcional que se busca entre la información verbal y la no verbal suele ser una de complementariedad, es decir, de apoyarse mutuamente para la construcción de una comprensión del objeto y su descripción. De modo que la información verbal duplica la información no verbal y viceversa. Así, la función de poner ambas de modo conjunto es reforzar y apoyar una mejor comprensión; esto quiere decir que ninguna de ellas aporta algo que en la otra no está consignado. De este modo, se entrega la misma información, pero de forma complementaria a través de dos canales diferentes.

Normalmente, todo lector experto suele leer ambos segmentos y construir entre los dos una lectura unificada. El propósito que el escritor ha perseguido seguramente apunta a brindar refuerzos a la información verbal. O, por el contrario, también se podría estar cumpliendo con la función inicial con que los dibujos fueron primariamente incluidos como parte de los textos: adornar, decorar o embellecer el texto. Esto es, un objetivo muy estético y no necesariamente de transmisión de información y complemento a lo verbal.

En este caso vale la pena destacar que el dibujo en cuestión no presenta señalizaciones, marcas o indicaciones verbales de ningún tipo (como podrían ser números, letras, nombres, etcétera), las cuales podrían vincular partes del dibujo con partes del segmento verbal. Existen, de hecho, textos multimodales de este tipo, por ejemplo, en manuales técnicos de montaje de aparatos electrónicos, en revistas de decoración o en la sección de actividades sociales del periódico en la cual se presentan fotos y se acompañan de la descripción del evento y las personas incluidas. El siguiente ejemplo es justamente uno de este tipo.

Para transformar una oración en voz activa a voz pasiva, es imprescindible que el verbo principal de la oración activa sea un verbo transitivo. Seguiremos los pasos siguientes a partir del ejemplo:

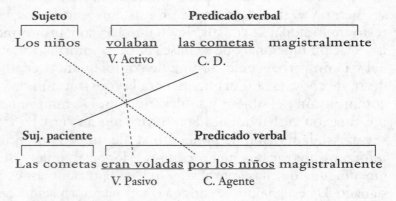

Los niños volaban *las cometas* magistralmente

1. Identificamos el sujeto de la oración activa: *Los niños*.
2. Identificamos el complemento directo de la oración activa: *las cometas*.
3. Transformamos el verbo en voz activa a voz pasiva: *eran volados*.
4. El complemento directo de la oración activa pasa a ser el sujeto de la pasiva: *Las cometas*.
5. Inmediatamente después, transformamos el verbo en voz pasiva, concertado en género y número con su sujeto: *eran voladas*.
6. El sujeto de la oración activa pasa a ser el complemento agente de la pasiva, introducido siempre por la preposición propia POR: *por los niños*.
7. Es conveniente situar los otros complementos (indirectos, circunstanciales, etcétera) después del complemento agente: *magistralmente*.

Después de transformarla la oración pasiva quedará de la siguiente forma: *Las cometas eran voladas por los niños magistralmente*.

Al abordar este texto multimodal, es importante que el lector lea toda la información entregada de modo integrado y que aprenda a reconocer las marcas de relación entre una y otra modalidad de información. Este texto exige del lector una lectura muy integradora en que esté muy atento a cada modalidad y se vaya y vuelva entre un modo y otro de información. En otras palabras, una información presenta algo que la otra no aporta y viceversa. En la parte exclusivamente verbal se utiliza, por ejemplo, tres veces la palabra «transformamos» y una vez la palabra «pasa» para indicar procesos de transformación y movimiento, los cuales en el formato no verbal aparecen indicados con líneas punteadas de diverso tamaño y con línea sólida. Este texto resulta muy singular en su disposición y organización de la información. Ciertamente los procesos de transformación y movimiento como los que se describen verbalmente quedan mucho más claros y la lectura resulta mucho más comprensiva al estar presentada la información en doble modalidad. Así, en este caso, existe información que se reitera por medio de uno y otro medio, pero también existe información que sólo se entrega a través de cada modalidad.

Todo lector maduro o experto ha debido aprender a leer estos textos y ha debido desarrollar estrategias para identificar uno y otro segmento y descubrir la vinculación entre ambos. Éste es un tipo de conocimiento con el que no nacemos los seres humanos, y que desarrollamos paulatina y progresivamente a lo largo de la vida, es decir, en lo que llamamos *desarrollo ontogenético de la lectura*.

El siguiente ejemplo de vinculación multimodal guarda relación con una descripción de un proceso de instalación de un aparato electrónico y las fases de su ejecución. En este caso, el lector también integra ambas fuentes de información, pues en las figuras se va entregando información que no está presente en el modo verbal. Sólo se aporta a través del diagrama o la fotografía.

Manual de instalación parabólica
Por qué instalar una antena motorizada

Lo normal cuando alguien se decide a instalar una antena parabólica es que lo primero que haga sea comprobar los canales que puede recibir en un listado. Cuando ya se ha decidido por un satélite, comprueba el diámetro de la antena que necesita, el soporte, consulta cómo hacer la instalación y se pone manos a la obra. Pero cuando ya lo tiene instalado le suele «entrar el gusanillo» y empieza a querer recibir otros satélites y decide instalar una segunda antena, a veces una tercera y hasta una cuarta. Los satélites que se utilizan con más frecuencia son Astra, Eutelsat Hot Bird e Hispasat; tres satélites que podemos recibir instalando dos antenas (una de ella con dos lnbs), y de una manera sencilla, a través de un conmutador, llevar las tres señales por un solo cable hasta el receptor. No está mal hecho, pero si sumamos el coste de las dos antenas, las tres lnbs y el conmutador, llegaremos a la conclusión de que es más económico instalar una sola parabólica controlada por un motor que instalar dos con un conmutador, ¡y además de más económico recibiremos más satélites! Interesante, ¿verdad?

Sigue estas instrucciones y podrás instalar tu parabólica y recibir gran cantidad de satélites de una manera más sencilla de lo que parece. Para confeccionar este manual hemos utilizado el Boston DVB 4500, aunque lo puedes hacer con cualquier otro lote con motor. Lo normal es utilizar una antena de un metro de diámetro como mínimo.

El soporte que escojas tendrá que ir en función del lugar donde vaya colocada la antena. Mira el apartado *Instalación parabólica* para ver las distancias mínimas que debes respetar para evitar zonas de sombra provocadas por obstáculos (un árbol, una casa, etcétera). Ten en cuenta el ángulo de movimiento de la antena, que no tropiece con ningún obstáculo.

Instalación de soporte en la pared

Para esta operación debes utilizar el nivel de burbuja para conseguir que quede lo más vertical posible. Sigue los siguientes pasos: 1. Realiza el primer taladro en la pared, coloca el taco, sujeta el soporte y atorníllalo (foto izquierda). 2. Con la ayuda de un nivel, coloca el soporte lo más vertical posible (foto derecha).

Como se puede notar, a través de la lectura de la información verbal, las fotos entregadas y la disposición de las mismas se va consiguiendo que el lector construya una representación mental del contenido de toda la información aquí presentada. Pensemos por un momento cómo sería si el texto incluyese sólo datos de tipo verbal, es decir, monomodal. O si contuviese sólo información gráfica y no tuviera nada de verbal. Lo primero que se nos ocurre es que un texto sólo verbal debería tener ajustes, pues toda alusión o indicación a las fotos deberían ser eliminadas. Por otra parte, nos resulta casi imposible pensar en un texto conformado exclusivamente por estas tres fotografías, ya que en verdad resultaría en un «no-texto». Sería incomprensible y no tendría contexto alguno.

El último ejemplo de texto multimodal, que presentamos a continuación, es uno algo diferente a todos los anteriores. Para alcanzar una comprensión cabal del texto, el lector experto lee los nombres vinculados a las diferentes partes del dibujo y, previa o posteriormente, lee la modalidad verbal de más abajo. No es posible decir qué debe hacer en primer lugar un lector experto; las estrategias de lectura de cada lector son diversas y no siguen necesariamente los mismos procesos o mecanismos de acción. De este modo, un lector experto podría realizar primero una lectura exclusiva tanto de lo verbal como de lo no verbal, o también es factible que las lea aleatoria y complementariamente ambas. Ésta es una característica muy importante de la lectura estratégica, esto es, no existe un camino único o exclusivo para alcanzar una lectura exitosa que se pueda recomendar de forma definitiva o tajante. Cada lector dispone de caminos diversos y debemos, siempre que se logre el fin de una comprensión profunda y completa, estar dispuestos a enfrentar alternativas nuevas y a revisar nuestros planes ya utilizados.

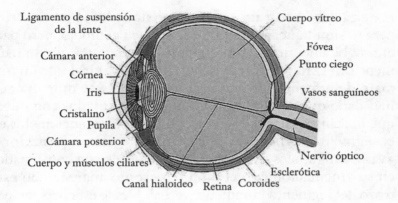

Figura 12. Las partes del ojo humano.

En la figura anterior se ven claramente las partes que forman el ojo. Tiene forma aproximadamente esférica y está rodeado por una membrana llamada esclerótica que por la parte anterior se hace transparente para formar la córnea. Tras la córnea hay un diafragma, el iris, que posee una abertura, la pupila, por la que pasa la luz hacia el interior del ojo. El iris es el que define el color de nuestros ojos y el que controla automáticamente el diámetro de la pupila para regular la intensidad luminosa que recibe el ojo. El cristalino está unido por ligamentos al músculo ciliar. De esta manera, el ojo queda dividido en dos partes: la posterior, que contiene humor vítreo, y la anterior, que contiene humor acuoso. El índice de refracción del cristalino es 1,437 y los del humor acuoso y humor vítreo son similares al del agua. El cristalino enfoca las imágenes sobre la envoltura interna del ojo, la retina.

Un aspecto interesante de este texto es que no presenta indicaciones numéricas ni de letras que permitan seguir fácil y rápidamente la ubicación de las partes del ojo, a las cuales el segmento exclusivamente verbal va haciendo alusión. Esto quiere decir que el lector con escasos conocimientos en esta materia debe hacer un esfuerzo mientras lee la parte verbal para ir, simultáneamente, apoyándose en el dibujo, pero para ello debe encontrar la etiqueta lingüística a la que se hace mención. Esto posiblemente implica ir y venir desde un formato de información a otro. En parte, ello se dificulta aún más dado que no todos los nombres presentados con líneas que ubican la parte del ojo en el dibujo son mencionados en el segmento verbal. Así, por ejemplo, «cámara posterior», «vasos sanguíneos» y «humor acuoso» sólo son consignados en su vinculación con el dibujo, pero no aparecen en este trozo del segmento puramente verbal. Desde esta perspectiva, es muy posible que éste sea el texto de mayor complejidad de lectura para ciertos lectores, en particular para aquellos novicios en esta temática y, por lo tanto, no familiarizados con estos términos o con la estructura y componentes del ojo humano. En este mismo sentido, y volviendo sobre la importancia del conocimiento previo, un lector que ya tiene cierto dominio sobre estos temas, podría leer, exclusiva y únicamente, la parte verbal del texto y no prestar mucha atención al dibujo. De hecho, este tipo de textos multimodales constituyen soportes de lectura fundamentales para quienes se inician en estos temas, y la multimodalidad ofrece en estos casos un camino muy fructífero para el lector estratégico que puede favorecerse de leer ambos códigos de forma complementaria.

IV

Leer y aprender a partir de los textos escritos

INTRODUCCIÓN

Saber leer y aprender a partir de los textos escritos en el siglo XXI es, sin duda, una paradoja en nuestra sociedad actual. Hoy vivimos literalmente sumergidos en una variada red de sistemas de comunicación (oral, escrito, multimodal, cibernético e inalámbrico), por lo que podría ciertamente asumirse que la academia, la universidad o —más en general— que la sociedad contemporánea habría desarrollado y dispondría de un espectacular sistema de alfabetización en lengua escrita, de jerarquía altamente estructurada y adaptable a sujetos y entornos diversos. Por desgracia, y allí reside la paradoja, el asunto no es así. Es bien sabido, que aún en los inicios de este nuevo milenio —muy mediático y digital— persiste una seria crisis focalizada en el desarrollo y manejo eficiente de la lengua escrita; hecho que, sin lugar a dudas, no es exclusivo de unos pocos países y que no ha podido superarse, a pesar de las múltiples investigaciones, acciones gubernamentales y emergentes propuestas metodológicas de toda índole.

Si un tema de enorme interés lo constituyen los procesos de lectura, sin lugar a dudas la calidad de los aprendizajes a partir del procesamiento de textos reviste un asunto tal vez implícito en el anterior, pero que requiere ser enfocado y abordado de modo específico. En el contexto del inicio del milenio leer y aprender a partir de materiales escritos se torna una cuestión gravitante y que exige respuestas atingentes y urgentes.

En este capítulo ofrecemos una reflexión inicial respecto de leer y aprender, así como unas definiciones operacionales que nos permitan abordar estos dos procesos. Igualmente, avanzamos en una fundamentación de por qué existen diferencias importantes entre leer, memorizar y aprender. Y cuál es la jerarquía en esta relación triádica. Especial atención prestamos a algunas estrategias que apoyan la construcción de aprendizajes de calidad a partir de los textos escritos y del desarrollo de la conciencia en un lector crítico, con el fin de que se distinga entre su propia postura y creencias y las que se ofrecen o subyacen en los textos. Algunas estrategias o procedimientos se plantean a partir de un texto muy provocativo, al igual que se proponen algunas pistas para estimular el pensamiento crítico y reflexivo a partir de la lectura.

Aprender a partir de los textos escritos: desde aprender a leer hasta leer para aprender

¿Qué lleva a que un sujeto logre ser un buen lector? ¿Cómo se alcanza una capacidad estratégica de aprendizaje a través de la lectura? ¿Es posible enseñar o estimular esa(s) capacidad(es)? ¿Ser un buen comprendedor de textos escritos garantiza calidad en los aprendizajes a partir de la información textual? ¿Es factible andamiar el desarrollo de un pensamiento crítico a partir de la lectura? En definitiva: ¿cómo se avanza desde «aprender a leer» hasta «leer para aprender»?

Las respuestas para estas complejas preguntas no son de fácil elaboración. Un intento rápido de aproximación a ellas constituye una tarea sorprendentemente intrincada, sea —entre otras cosas— por la cantidad de variables que intervienen, sea por el escaso conocimiento científico certero disponible en algunos aspectos.

A través de las estrategias revisadas en el capítulo anterior, buscamos mostrar procedimientos fundamentales para llegar a desarrollar procesos de lectura eficientes que apoyen una comprensión profunda de los significados del texto. Estas estrategias ayudan a construir la representación esencial de los contenidos del texto; sin embargo, no son necesariamente procedimientos que desarrollan el aprendizaje a partir de los textos. En otras palabras, es posible que un lector aprenda a leer ciertos contenidos mediante esas estrategias, pero no aseguran necesariamente procesos de aprendizaje tales como los que indicamos en el capítulo I, es decir, construcción de conocimientos consolidados y flexibles que posibiliten andamiajes posteriores para otros conocimientos.

Desde este escenario, leer, comprender y finalmente aprender de manera significativa y crítica a partir de los textos escritos han llegado a considerarse como habilidades muy relevantes en la sociedad actual. Sin lugar a dudas en ellas residen cuestiones fundamentales para el desarrollo integral de las personas y de su formación académica y profesional. La actual sociedad del conocimiento, como la llaman algunos, nos impulsa a enfrentar cambios progresivos y de manera decisiva. Así, el discurso escrito se torna un medio determinante para alcanzar aprendizajes de calidad, integradores y con aplicaciones posteriores. De hecho, la habilidad para leer textos de carácter más exigente y prosa con más información (como aquellos que por lo general se encuentran en un proceso de formación especializada disciplinar) constituye una de las claves más importantes del acceso al conocimiento y del éxito académico y profesional.

De partida, es importante señalar que aprender a partir de los textos es un proceso constructivo que no constituye una actividad mecánica ni menos cercana al automatismo; en parte, debido a la participación idiosincrática del conocimiento previo de los lectores; en parte, debido a los objetivos de lectura de cada sujeto comprendedor. Si tal proceso bastante memorístico y mecanicista fuera efectivo, la lectura sería un asunto mucho más simple y bastante más homogeneizante de lo que efectivamente acontece en los lectores reales en entornos naturales. Esto llevaría a que no se requeriría de sistemas de alfabetización inicial, ni mucho menos de complejos sistemas de alfabetización especializada y técnica, como de hecho es el caso en el nivel universitario y en la vida profesional. Desde esta óptica, vale la pena distinguir muy claramente entre *aprender a partir de un texto* y *recordar o memorizar un texto*. Esta distinción entre lectura, aprendizaje y memoria resulta central para alcanzar los procesos de mayor exigencia, los cuales operan a modo de resolución de problemas y no simplemente como, por ejemplo, repetición de información literal desde la superficie textual, la cual implica un tipo de procesamiento cognitivo básico y con alcances muy mecánicos.

En este sentido, aprender a partir del texto puede definirse como la habilidad para usar conocimientos adquiridos desde el texto de modo activo y flexible en contextos nuevos, y muy posiblemente con propósitos diferentes a los que inicialmente motivaron la primera lectura. Como se desprende de lo anterior, el aprendizaje de calidad exige una comprensión profunda y la construcción de una representación mental coherente a partir de la situación descrita en el texto, lo que implica un adecuado equilibrio entre esta información textual y los conocimientos previos pertinentes del lector. Esta tarea sólo logra ejecutarse a través de procesamientos complejos y de mayor exigencia. No basta con una representación superficial de tipo memorístico, ya que ella puede conducir a un tipo de conocimiento estático, poco transferible y, casi con seguridad, muy encapsulado (esto es, no andamiado sobre otros ni menos conectado en red con conocimientos que ya posee el sujeto). Además, es muy factible que su grado de olvido sea alto y no sea retenido de manera constante. Por el contrario, esto quiere decir que el tipo de conocimiento que se construye a través de aprendizajes de calidad se ejecuta por medio de la resolución de problemas y de la aplicación de estos conocimientos a situaciones novedosas, no determinadas necesariamente a partir de la información del texto ni exclusivamente del conocimiento previo del lector. Ello suele requerir, a menudo, una integración a partir de fuentes múltiples, esto es, no sólo desde el texto escrito que ha sido o está siendo leído, sino que debe compararse y complementarse con la información de otros textos, ya sea previos (y en proceso de re-lectura) o en proceso de lectura en paralelo o a posteriori.

Así, desde esta perspectiva, la mera *memorización y recuperación superficial de información a partir del texto* no constituye en ningún caso *aprendizaje de calidad a partir del texto*. Ahora bien, es muy cierto que, desde cierta óptica, el solo proceso de *recordar información literal* contenida en la superficie de un texto se considera un primer nivel de aprendizaje básico. En este sentido, es muy relevante dejar en claro que memorizar no es malo ni debe ser considerado un proceso negativo; por el contrario, es una parte muy importante de los procesos de lectura y aprendizaje, desde la cual se construye hacia niveles superiores. No obstante, nuestro foco no es este primer nivel muy básico de aprendizaje inicial, sino que apuntamos hacia los niveles jerárquicamente superiores en los que se exige mayor participación del lector y se debe ejecutar un alto grado de trabajo consciente y de seguimiento de la lectura, es decir, capacidad de retroalimentación y toma de decisiones respecto de lo que se está leyendo y de cómo se está leyendo.

A partir del siguiente texto se revisan algunos ejemplos que ilustran la distinción que venimos comentando.

Pintura con tres manchas, el número 196 en la lista de su obra que elaboró Kandinsky y el número 490 en el catálogo razonado del artista (Roethel Benjamin, 1987), fue pintada en Múnich en la primera mitad de 1914. Esto fue antes de su regreso a Moscú a finales de ese año, en el momento en que sus experimentaciones pictóricas y teóricas habían llevado al artista ruso a las puertas de la abstracción pura. En el cuadro, una serie de formas fluctuantes superpuestas de intensos colores ocupan todo el espacio pictórico. En el centro, tres manchas ovoides, más compactas, de colores planos azul, verde y rojo, enfatizan la simbología divina del número tres.

Las primeras tres preguntas, a continuación enumeradas, apuntan a procesos de *memorización y recuperación superficial de información a partir del texto*. Por medio de ellas, se busca que el lector identifique en el texto información que se relaciona directamente con palabras literales de las preguntas en cuestión.

1) Según el texto anterior, ¿cómo se llama la obra número 196 que pintó Kandinsky?
2) De acuerdo a lo leído, ¿en qué año fue pintada *Pintura con tres manchas*?
3) ¿Cuántas manchas ovoides tiene el cuadro en su centro?

Lo que se busca destacar aquí es que, en muchos casos, el lector puede responder a este tipo de preguntas sin haber realizado un proceso complejo de lectura, es decir, sin alcanzar un procesamiento profundo ni una comprensión del texto. De hecho, se exige un mínimo nivel de esfuerzo lingüístico y cognitivo, pues es posible sólo reconocer algunas palabras clave, buscarlas en el texto y, con escasa comprensión, responder a las preguntas.

Respuestas muy típicas y breves podrían ser las siguientes:
1) *Pintura con tres manchas*.
2) 1914.
3) Tres.

Como se desprende de estas respuestas, es posible sólo entregar una respuesta muy escueta como el año o un nombre, sin realizar ningún proceso de adecuación sintáctica o elaboración lingüística mayor para contextualizar el dato puro (por ejemplo, «El cuadro fue pintado por Kandinsky en el año 1914»). Con esto se podría incluso acercar a una respuesta de tipo exclusivamente de reproducción literal. Por ello decimos que éstas son de exigencia baja. Por ejemplo, tómese nota de las siguientes palabras marcadas en relación a cada una de estas tres preguntas:

1) Según el texto anterior, ¿cómo se llama la *obra número 196* que pintó *Kandinsky?*
2) De acuerdo a lo leído, *¿en qué año* fue pintada *Pintura con tres manchas?*
3) ¿Cuántas *manchas ovoides* tiene el cuadro *en su centro?*

Ahora bien, con el objetivo de establecer la comparación con el *aprendizaje de calidad a partir del texto* en un nivel de mayor exigencia de lectura, se presentan las siguientes dos preguntas:

4) ¿Qué tipo de pintura puede considerarse el cuadro *Pintura con tres manchas*, según su composición y espacio pictórico?
5) ¿Durante qué meses del año fue seguramente pintada *Pintura con tres manchas?*

Estas otras preguntas exigen al lector establecer relaciones entre la información del texto y, aún más, lo llevan a emplear activamente su conocimiento previo con el fin de dar respuestas a estas demandas. La respuesta a 4) no está directamente en el texto, salvo por una indicación en la línea 5. Parte de la clave para construir relacionalmente la respuesta está en la frase: «[...] a las puertas de la abstracción pura». Desde esta frase, se debe llegar a responder que es un tipo de pintura abstracta.

Por su parte, la respuesta a la pregunta 5) puede formularse a partir de cierta información encontrada en la línea 3 del texto. No obstante, el lector debe aplicar los conocimientos previos para llegar a decir que fue entre los meses de enero y julio de 1914. Ello se elabora a partir de la expresión: «en la primera mitad de 1914».

Accesos a leer para aprender: la comunicabilidad
de lo leído

Desde el marco presentado más arriba, queda claro que concebimos el aprendizaje a partir de la lectura de textos escritos como un eslabón dentro de la cadena de procesamientos en la interacción memoria-lectura. En efecto, como se decía más arriba, sí existen aprendizajes más cercanos a procesos memorísticos y de un nivel jerárquicamente inferior; no obstante, la concepción de aprendizaje que defendemos es aquella en la que la *comunicabilidad de lo leído* se constituye en piedra angular del procesamiento cognitivo del discurso, la cual es un eje fundamental del pensamiento crítico, reflexivo y libre.

Esta *comunicabilidad de lo leído* implica que un lector que alcanza la capacidad de leer y construir aprendizajes profundos y perdurables podrá ciertamente contar a otros lo que ha comprendido no de modo literal. Así, podrá, en sus propias palabras, dar cuenta de los contenidos del texto y pronunciarse acerca de su calidad, la postura del autor y reconocer tanto su propia ideología en el marco del texto como también la del mismo autor. Aún más, se espera —desde esta óptica de leer para aprender— que el lector pueda llegar a cuestionar al texto y la postura del autor e identificar con claridad «su propia voz» como lector y distinguirla de la(s) voz(ces) del texto.

En la siguiente figura se ilustra cómo la comunicabilidad de lo leído se vuelve un circuito entre *a)* los procesamientos del lector en su interacción con el texto, *b)* su construcción de los significados del texto, *c)* su propio aprendizaje, *d)* su expresión verbal de los contenidos del texto, es decir, su comunicabilidad y su construcción de consenso con otros. Todo esto lleva a: *e)* una nueva construcción consensuada de conocimientos a partir de lo leído en interacción con otros lectores/oyentes.

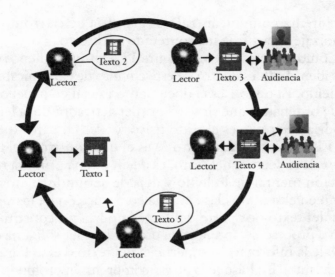

Figura 13. Circuito de la comunicabilidad de lo leído.

Como se aprecia en esta figura, lo que se intenta captar aquí es el modo en que un sujeto lector (lector), que busca aprender del texto, puede aprovechar la interacción con otro u otros (audiencia) y, a partir de esa comunicación interactiva, revisar su interpretación del texto y sus aprendizajes basados en estos contenidos. También un lector experto puede llegar a evaluar su lectura y comprensión y volver a leer el texto y re-elaborar sus conocimientos (por ello, las líneas son bidireccionales entre la última construcción y el inicio del nuevo proceso de lectura: texto 5 y texto 2). En este sentido, sólo a través de una enriquecedora puesta en común con otros el lector podrá saber si efectivamente ha logrado una comprensión profunda del texto y si sus opiniones y valoraciones están en un camino congruente con el texto, sus conocimientos previos y sus aprendizajes. Tal vez las ideas expuestas por el lector no coincidan con las de otros lectores, pero es muy importante tener presente que no necesariamente se deben tener las mismas posturas u opiniones, más aún si es altamente relevante que exista un cierto grado de acuerdo con lo que el autor del texto intenta comunicar. Ello es garantía de cierto nivel de aprendizaje a partir de los contenidos del texto.

Como se muestra en la Figura 13, existen al menos cinco textos identificables dentro de este circuito de comunicabilidad de lo leído. El texto 1 es el documento inicial en papel o pantalla de ordenador que sirve de primer activador de la lectura. Se podría decir que es el texto físico, ya sea en papel o en digital. El siguiente texto (texto 2) es el que construye el lector a partir de su lectura del texto, es decir, es una primera representación mental de lo leído y deja de ser un formato físico externo en el sentido clásico. Esta construcción de los significados del texto por parte del lector podría no constituir un efectivo proceso de aprendizaje profundo y ser sólo una copia literal de la información superficial del texto (véase Figura 14 más adelante). En búsqueda de esa comprensión profunda y con grados crecientes de aprendizajes se postula la creación del texto 3, que es efectivamente *lo comunicado*. Éste es un texto verbalizado y que puede no coincidir enteramente con el texto 2, pues al comunicarlo, el conocimiento elaborado a partir de la lectura se transforma, se ajusta y se revisa. Es decir, deja de ser una representación más bien personal para representarse como un texto expresado o comunicado a otros u otros (audiencia). Así, a partir de la negociación de significados se llega a la (re)construcción del texto 4, cuyo contenido es una interacción dinámica basada en un proceso de comunicabilidad y revisión con otros lectores. Desde este texto 4 se articula una nueva representación mental que denominamos texto 5, en el cual el lector (re)elabora sus textos previos e incorpora en un nuevo texto las diversas versiones y revisiones que se muestran en el circuito. De este modo, el lector que alcanza un texto 5 se espera haya logrado un aprendizaje profundo y cuente con una versión de conocimientos que le permita interactuar nuevamente con el texto 1 —unidad física externa—, y re(elaborar) de forma dinámica otros textos tipo 2.

Desde esta óptica, el nivel superior de aprendizajes, el cual es posible de potenciar a través de este circuito de comunicabilidad, se basa en estrategias y procesos dinámicos, flexibles, de transferencia y de aplicación de conocimientos. Es factible que, en ciertos casos de lector y audiencia, los sujetos participantes sean el mismo lector en un doble rol y no una audiencia externa separada del lector en tanto procesador de los contenidos de un texto. Ello requiere un lector muy crítico, capaz de actuar y de revisar y dirigir conscientemente sus procesos de lectura y aprendizaje. De este modo, el texto escrito no constituye únicamente una mera herramienta utilitaria para el ser humano, sino que se articula como un conjunto de procedimientos discursivos integrales de orden superior, que permite el acceso democrático al conocimiento y que brinda competencias para la vida académica, profesional e institucional, tanto como para la búsqueda de la felicidad y de la independencia ideológica.

En el siguiente esquema, se diagraman de modo jerárquico estos procesos de memorización, comprensión y aprendizaje profundo que hemos venido comentando hasta aquí.

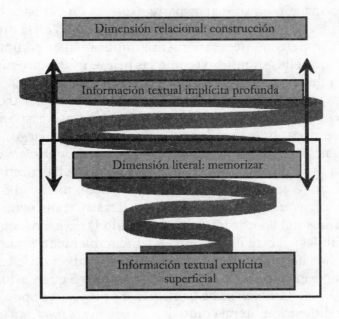

Figura 14. Dimensiones de la lectura: literal y relacional.

Como se aprecia en esta figura, nuestra concepción de la lectura como un proceso de múltiples niveles y dimensiones se ejecuta a través de procesamientos, metodológicamente diferenciados pero muy intrínsecamente vinculados. Tanto las flechas de doble punta como las líneas en espiral representan el modo integrador de la construcción de los procesos y la naturaleza interactiva a partir de informaciones de diversa índole. De este modo, en esta figura se destacan:

a) Dos dimensiones de lectura (una literal y otra relacional),
b) dos niveles de información textual (superficial e implícita y profunda), y
c) dos tipos de aprendizaje a partir de la lectura (memorización y construcción relacional).

Así, según este esquema, proponemos mirar estos procesos, por una parte, desde una primera dimensión de lectura literal, clásicamente caracterizada como de menor exigencia psicolingüística en la que el sujeto debe reconocer y reproducir información en su mayor parte explícita en el texto. Esto implica leer las letras y construir palabras y frases en la mente del lector, pero no necesariamente implica haber comprendido lo que ellas significan (como las primeras tres preguntas al texto de la pintura de Kandinsky). En otras palabras, a lo que apuntamos es a que un lector puede memorizar trozos del texto y guardarlos en su memoria e incluso responder a ciertas preguntas basadas en ese texto; sin embargo, ello cabe dentro de lo que denominamos *información verbatim*, es decir, que se repite pero no necesariamente se ha comprendido. Esto se acerca a lo que también se denomina como *lectura en voz alta*, o sea, decodificar las letras y transformarlas en palabras (tal como vimos en el capítulo I). Existen lectores muy hábiles en este primer nivel; lamentablemente, muchas veces ellos no logran superar este primer eslabón de la cadena y sólo son capaces de repetir estos sonidos o guardarlos en su memoria. También se ha llamado a los procesos implicados en esta dimensión literal como de *reconocimiento sintáctico* (esto es, reconocer la organización de las palabras y sus funciones)

y existen algunos tests de lectura que apuntan fundamentalmente a ellos, es decir, a medir la capacidad de reconocimiento de las estructuras sintácticas en el texto.

Junto a esta dimensión, especial atención prestamos a la
segunda —que llamamos *dimensión relacional*—, en comparación de mayor exigencia, en la que el sujeto debe vincular
información del texto no explícita ni (muchas veces) lingüísticamente ligada con el apoyo fundamental de sus diversos tipos
de conocimientos previos. Esta dimensión conlleva representaciones más complejas que las anteriores, pero se basa en
gran medida sobre parte de esta información y la requiere.
Esta dimensión relacional opera sobre información que va
más allá de las palabras del texto y busca construir un significado de lo leído (como las dos últimas preguntas planteadas
al mismo texto anterior acerca de la pintura de Kandinsky).
En su grado máximo, ella opera a partir de la construcción
de significados novedosos y profundos, alcanzando un nivel de
flexibilidad y transferencia.

Los dos tipos de información que se consignan en el
diagrama constituyen lo que podríamos llamar «lo visible a los
ojos y lo invisible a la vista del lector». Éstas son, por una
parte, la información que está en la superficie del texto y que
se relaciona con la dimensión literal y, por otra, la información
que se debe extraer a partir de la superficie y que denominamos implícita y profunda. Esta última no la capta el ojo humano, pero se halla en parte implicada entre las tramas de palabras y de significados que se construyen a partir de esas
palabras y está en la memoria del sujeto lector y su conocimiento del mundo, sus experiencias de vida y sus conocimientos más especializados de tipo disciplinar o profesional. Estas
informaciones se mezclan de modo fundamental y a veces el
lector no alcanza a distinguir las sutiles fronteras entre una
y otra. Queda claro que entre estos dos tipos de información
existe una relación fundamental con las dos dimensiones ya
comentadas más arriba.

El tercer par de núcleos conceptuales presentado en la
Figura 13 guarda relación con leer y aprender, y ya hemos

aludido a ellos al comentar los conceptos anteriores. Como se va haciendo evidente, estas distinciones son sólo metodológicas y sirven para establecer el modo de aproximarnos al tema que nos interesa. Y lo hacemos porque están —como hemos insistido— altamente relacionadas unas con otras y sus vinculaciones son intrínsecas en algunos casos; esto es, resulta casi imposible separar una de la otra.

Ahora bien, en este sentido, la distinción entre memorización y construcción de conocimientos por medio de relaciones complejas y profundas puede llegar a ser muy sutil. Sin embargo, es muy relevante destacarla, pues desde la formación escolar primaria de tipo sistemático ha existido una tendencia a enfatizar exageradamente la primera en desmedro de la segunda. Es decir, se ha llegado a confundir la idea de leer y comprender con la de únicamente memorizar (distinción entre las preguntas planteadas al texto acerca de la pintura de Kandinsky). Es más, muchas veces se ha identificado la segunda a través de la primera o se ha propendido (tal vez por desconocimiento) a prácticamente no diferenciarlas y, por consiguiente, a pensar que «aprender a leer» es fundamentalmente «aprender a memorizar». En este apartado, queremos ser muy claros en declarar que existen diferencias muy significativas entre la memorización y la lectura profunda y que para llegar a construir aprendizajes de calidad es altamente relevante establecer esta distinción. Entre otras razones, porque sólo a través de esta aclaración conceptual pero también práctica se puede alcanzar el nivel de *leer para aprender* y superar al de *aprender a leer*; o incluso impulsar la buena costumbre de abandonar el foco en *leer para memorizar*.

Ya hemos insistido en que las capacidades de memoria del sujeto lector son aspectos fundamentales para el proceso de lectura y aprendizaje y se constituyen así en eslabones iniciales y permanentes de todos estos procesos. No obstante, queremos destacar preferentemente un modelo en que la lectura conduce a aprendizajes de calidad y de identificación de información implícita en los textos escritos mediante aportes de conocimientos previos del lector.

Con el objetivo de profundizar en estas ideas y desarrollar aún más estos núcleos conceptuales, en la siguiente figura (similar a la anterior en formato) enfocamos directamente las relaciones entre lectura y aprendizaje.

Figura 15. Niveles de la lectura y del aprendizaje.

La lectura profunda de un texto, entonces, exige como requisito esencial que el lector sea capaz de procesar información en las dos dimensiones (literal y relacional), pero sobre todo que también pueda desarrollar estrategias que le permitan establecer relaciones de tipo léxico, causa efecto, etcétera, tal como se apunta en la Figura 15. Estas estrategias le ayudan al lector a realizar procesos de lectura a nivel de palabras y oraciones, pero también a elaborar las ideas principales y a conectarlas coherentemente (macroestrategias) y a alcanzar aprendizajes de calidad (estrategias de transferencia).

Tal como se desprende de las dos últimas figuras, asociadas a estas dimensiones se encuentran variables más específicas que dan cuenta de cada tipo de niveles de lectura y de aprendizaje, dentro de una escala creciente de dificultad constituida por una jerarquía de procesos lectores. Estos procesos se despliegan desde las estrategias más asociadas a la información local o adyacente en el texto, muchas de las cuales fueron mostradas en el capítulo III de este libro. Por ejemplo, para descubrir el significado de una palabra (estrategias léxicas), para relacionar lo que se nombra en el texto (estrategias correferenciales) o para conectar eventos de las cadenas textuales (estrategias causales). También es posible emplear estrategias de mayor jerarquía cuando se requiere construir, por ejemplo, el resumen de un texto, en cuyo caso nos ubicamos en un nivel de procesamiento global y recurrimos a las denominadas macroestrategias.

Ahora bien, tal como se ilustra en la Figura 14, cuando logramos llegar —a través de procesos relacionales tipo resolución de problemas— a un nivel de aplicación de lo leído y de transferencia de conocimientos a situaciones nuevas y no previamente vividas, se alcanzan niveles de aprendizaje superiores y se construyen conocimientos significativos y perdurables en el tiempo. Estos conocimientos, elaborados a través de procesos de lectura y aprendizaje, serán sustento de posteriores conocimientos encadenados.

En lo que sigue de este capítulo centramos nuestra atención en el desarrollo de un lector crítico que guía su propio aprendizaje y que es capaz de tomar conciencia de su rol activo y, en consecuencia, de ejecutar decisiones de lectura y de construcción de conocimientos.

Desarrollo del pensamiento crítico a través de la lectura

El aprendizaje activo a partir de lo leído exige del lector una postura crítica frente a los contenidos del texto. Ello implica un pensamiento reflexivo a través del cual se ejerza una inspección del texto y se evalúen las ideas que se expresan en el mismo. En este sentido, la lectura crítica requiere que el lector participe activamente en la construcción de los significados del texto y tome una postura respecto de lo que en éste se dice. Esto implica que el lector construya sus propios pensamientos a partir de lo dicho en el texto y que sea capaz de evaluar lo que se dice y decida si está de acuerdo con ello o no. De este modo, un lector crítico y reflexivo, que busca aprender a partir de lo que lee, debe evaluar el contenido del texto e identificar sus propias creencias y posturas y distinguirlas de las del autor del texto.

¿Cómo se logra esta capacidad de conciencia del rol de lector? ¿Cómo se avanza desde un lector «ingenuo» ante lo escrito hacia un lector «crítico» de los contenidos del texto? En los apartados siguientes presentamos algunas formas de desarrollar esta capacidad.

El texto que viene a continuación ha sido seleccionado porque reúne ciertos requisitos indispensables para mostrar lo que tenemos en el punto de mira. Con el fin de ir desplegando los focos de interés, leámoslo rápido en una primera instancia.

La clonación humana: los riesgos

El objetivo de la investigación de la clonación humana nunca ha sido el de clonar personas o crear bebés de reserva. La investigación tiene como objetivo obtener células madre para curar enfermedades. Claro que se han publicado los resultados de la investigación sobre clonación de animales y humanos para obtener células madre y, al igual que el resto de los descubrimientos científicos, estas publicaciones están disponibles a nivel mundial.

Y era inevitable que un día este conocimiento fuera mal utilizado. Ahora, varias personas en el mundo propagaron la idea de clonar un bebé.

Estos individuos no trabajan para ninguna universidad, hospital o institución gubernamental. Por lo general, la comunidad científica a nivel mundial se ha opuesto fuertemente a cualquier hipótesis de clonar a un bebé. Según Peter Browsman: «La mayoría de las investigaciones publicadas demuestra que la muerte o la mutilación del clon son resultados muy probables en la clonación de mamíferos».

La mayoría de los científicos es de la misma opinión. Muchos de los intentos de clonación de un animal dieron como resultado embriones deformados o abortos tras la implantación. Defienden que los pocos animales clonados nacidos presentan malformaciones no detectables a través de análisis o tests en el útero, por ejemplo, las deformaciones en el revestimiento de los pulmones.

Nadie sabe con exactitud hasta qué punto ha avanzado la clonación humana realmente en bebés. En junio de 2007 el científico francés Dr. Pierre Truvé hizo un comentario improvisado a un periodista, afirmando que tres mujeres estaban embarazadas de un embrión clonado. A partir de entonces le apartaron de debajo de las luces del escenario y nunca más tuvo oportunidad de confirmar o negar ese comentario. Aunque no fuera verdad, o el intento hubiera fallado, da la sensación de que Truvé intenta clonar un bebé humano en un futuro próximo.

Es posible que lo primero que llame la atención del texto acerca de la clonación sea la actualidad de la temática y el modo ágil en que está escrito. Sin lugar a dudas, la problemática planteada es compleja y exige del lector información previa para saber de qué se está hablando. Se establece así una primera distinción relevante: éste es un texto cuya audiencia no puede ser un niño pequeño, tampoco pueden ser personas no inmersas en el tema puntual. Queda en evidencia que se requiere conocer ciertos conceptos (pues aquí no están explicados ni aclarados) y que se debe —al menos de modo somero— tener algún dato previo acerca de la clonación y de las células madre, esto es, desde qué significa e implica todo ello en algún grado.

También es notoria la interacción de participantes en este texto, de modo que un lector atento y no inexperto debería fijarse en quién dice qué y por qué. Y también se debería buscar la postura del autor, probablemente menos evidente que las de los especialistas identificados con cargos, grados, nombres y apellidos.

Después de esta primera lectura rápida, claramente no focalizada en el nivel literal o de memorización, procedamos a revisar algunas formas de volvernos más críticos sobre lo que leemos y de cómo podemos construir aprendizajes de calidad.

Evaluar la credibilidad de la lectura: cuestionar lo leído

Un modo de evaluar lo que se dice en el texto y comenzar a construir nuestra propia postura frente a lo escrito es por medio de preguntas o ciertas instrucciones que podemos emplear como autocuestionamientos, esto es, poner a prueba lo leído.

El siguiente es un listado de posibilidades, ciertamente no cerrado, que busca guiar este proceso de indagación y cuestionamiento, todo ello con el fin de aprender a identificar el grado de acuerdo con lo que se dice, descubrir la propia postura del lector y construir una representación del texto más allá de los contenidos propiamente tales.

1. Decida si está de acuerdo con lo leído.
2. Elabore su propio pensamiento respecto de lo leído.
3. ¿Le parece confiable lo que dice este autor del texto?
4. ¿Cuánto de certera y completa le parece la información que se provee en este texto? ¿Y por qué lo cree así?
5. ¿Cuánto de actual le parece que es la información presentada en este texto?
6. Paralelamente, considere la postura del autor, su actitud y prejuicios o creencias.

¿Cuáles son las respuestas a las que se llega en cada caso? Como lector del texto acerca de la clonación, ¿estima que estas indicaciones aportan algo al cuestionamiento del texto y, en definitiva, ayudan a comprenderlo más profundamente y con una mirada critica?

Como una forma de poner a prueba estas indicaciones e ilustrar lo que estamos comentando, decidimos pedir a dos alumnos universitarios que respondieran a estas interrogantes a partir de la lectura del texto acerca de la clonación. En la tabla siguiente, se presentan las respuestas elaboradas por ellos. Compare sus propias respuestas con las aquí presentadas.

Respuestas a las interrogantes e indicaciones

1. Decida si está de acuerdo con lo leído.
— Plantear una decisión resulta complejo. La clonación de seres humanos no sería la respuesta inmediata a la salvación de la raza humana, pero la clonación de células madres no resulta una idea tan aterradora. Precisamente porque éstas pueden ser almacenadas al momento del nacimiento de un bebé.
— Estoy de acuerdo en relación al objetivo original que poseía la clonación humana.
2. Elabore su propio pensamiento respecto de lo leído.
— Creo que la clonación resulta un juego que implica el ego del hombre al hacer ciencia. Los experimentos al respecto no han desarrollado ninguna solución; por lo tanto, no resultan beneficiosos ni para los seres humanos ni para los seres clonados por las consecuencias mencionadas.
— Considerando el objetivo original con que se había concebido la clonación humana, sería interesante seguir ahondando en la investigación para la obtención de células madres para el tratamiento de enfermedades. Pero el problema se produce cuando se populariza este conocimiento y se abren las puertas para que la gente utilice de mal modo la clonación, reproduciendo a sus animales fallecidos, por ejemplo.

3. ¿Le parece confiable lo que dice este autor del texto?
— Desde una mirada externa y por la construcción del texto (argumentativo) en el que presenta argumentos, bases y garantías, resulta confiable. Pero no totalmente, puesto que es necesario saber quién es el autor y dónde fue publicado el texto, para determinar el grado de seriedad del mismo.
— Me parece confiable porque no solamente se queda en la opinión personal, sino que busca la validación por medio de la cita de otros autores.
4. ¿Cuánto de certera y completa le parece la información que se provee en este texto? ¿Y por qué lo cree así?
— Como bien lo mencionaba, la seriedad se centra en los argumentos que presenta el autor, basados en definiciones, cita de un experto y un ejemplo.
— Certera en cuanto a la presentación de las dos formas en que se puede utilizar la clonación, pero la información acerca de su aplicación en humanos no se presenta como tal, ya que el comentario de Truvé no se ha confirmado. Quizá lo único cierto es que se ha experimentado con animales.
5. ¿Cuánto de actual le parece que es la información presentada en este texto?
— Jugar a ser Dios es el pensamiento marcado de la posmodernidad, así que la clonación resulta un tema contingente que resume el paso de hacer ciencia y el egocentrismo propio de esta época.
— De no más de dos años, por la fecha que se indica en el último párrafo al citar el comentario de Truvé.
6. Paralelamente, considere la postura del autor, su actitud y prejuicios o creencias.
— El autor define el concepto de *clonación* y su actitud se define desde su opinión: «Y era inevitable que un día este conocimiento fuera mal utilizado. Ahora, varias personas en el mundo propagaron la idea de clonar un bebé». Su actitud es positiva frente al avance científico, pero teme que éste provoque efectos negativos.

—Ya en el título el autor deja clara su postura, señalando lo arriesgado de la clonación. Luego, en el cuerpo del texto establecerá que lo peligroso es la utilización de este conocimiento de mala manera, no como originalmente se había planeado.

7. ¿Cómo se ajustan o encajan las ideas del texto con lo que el lector sabe a partir de otras fuentes?

—Las relaciones con el conocimiento previo del lector se establecen desde el título, porque remite a los fallidos casos de los animales clonados (ejemplo: la oveja Dolly), luego la definición de la clonación humana hace referencia a un cuestionamiento desde la Iglesia, o a temas tratados en el cine, como ciencia ficción, etcétera.

—Encajan particularmente cuando hace alusión a la clonación de animales, hecho que ha sido muy comentado en los medios, mostrando el lado negativo de la clonación.

8. ¿Qué detalles del contexto social, del marco global o de la historia ayudan a comprender la perspectiva del autor del texto?

—La aceptación de la posibilidad de la clonación es propia de la época contemporánea, marcada por los avances científicos. De ser «controlada», sería un avance en el ámbito de la salud y el beneficio de la raza humana o de algunos dependiendo del contexto.

—El título, la presentación del objetivo original de la clonación y en lo que ha derivado en la actualidad. Además, las calificaciones que hace de la información que presenta, equilibrando claramente la balanza hacia un lado: «Y era inevitable que un día este conocimiento fuera mal utilizado».

9. ¿Qué alusiones específicas establece el autor que permiten determinar un contexto mayor?

—Las alusiones a que este tema es de conocimiento mundial, gracias a las publicaciones al respecto que no sólo se dirigen a la comunidad científica. Por otra parte, el ocultamiento de información sobre posibles clonaciones con bebés.

— Si bien el texto habla de la clonación, por medio de la información que se presenta se hace alusión a un dilema ético en cuanto al uso de los conocimientos que se han desarrollado. Por ello se habla de conocimiento mal utilizado y por eso mismo la comunidad científica rechaza este modo de empleo.

Resulta interesante comparar las respuestas de estos dos estudiantes, pues se hace evidente que ellos no coinciden en varios puntos. En otros, surge mayor consenso y parece que llegan a posturas similares. Incluso señalan, a modo de ejemplo, las mismas palabras clave del texto como indicadores de cierta carga semántica. Ello en parte pone de manifiesto algunas cuestiones relevantes, tales como que la carga ideológica de cada lector en comparación con la del autor o voces del texto emerge y se hace patente al enfrentar preguntas e indicaciones como las planteadas.

Ahora bien, como un modo de avanzar desde esta primera mirada más crítica de la lectura del texto y en busca de construir aprendizajes significativos y perdurables, veamos a continuación cómo se puede contextualizar la lectura de este mismo texto a través de otras actividades que el lector puede realizar.

Poner lo leído en un contexto mayor

Para profundizar en los contenidos del texto, un camino es contextualizar lo leído e identificar marcas en el texto que aludan a pistas específicas que indican la postura del autor y el contexto más amplio del núcleo del texto. El tópico del texto presentado más arriba acerca de la clonación constituye parte de temáticas más amplias que aluden, por un lado, a la investigación en torno a la genética y la manipulación de células y, por otro, guarda relación con principios éticos y la reproducción artificial de vida. Estos temas también se vinculan a otros más amplios, tales como el debate acerca de la naturaleza humana, la identidad de la especie humana y su propia identidad.

Aunque pueda parecer un tanto exagerado, un lector experto que busca aprender reflexivamente a partir de múltiples fuentes —entre ellas, los textos escritos— debe ser capaz de visualizar el contexto en que se incrusta lo leído. Para ello, tal como ya se ha apuntado en este libro insistentemente, el lector debe aportar de forma activa sus conocimientos previos y hacerlos partícipes de su proceso de lectura y aprendizaje.

Las siguientes preguntas son alternativas posibles de poner en contexto mayor este texto:

a) ¿Qué detalles del contexto social, del marco global o de la historia ayudan a comprender la perspectiva del autor del texto?

b) ¿Qué alusiones específicas establece el autor que permiten determinar un contexto mayor?

c) ¿Cómo se ajustan o encajan las ideas del texto con lo que el lector sabe a partir de otras fuentes?

En el texto en análisis es posible identificar marcas muy explícitas de la postura del autor y del marco general de la acción textual. Algunas de ellas se recogen en estas citas del texto:

1. «**Claro** que se han publicado los resultados de la investigación sobre clonación de animales y humanos para obtener células madre [...]».

2. «Y **era inevitable** que un día este conocimiento fuera **mal** utilizado».

3. «**Estos individuos** no trabajan para **ninguna universidad, hospital o institución gubernamental. <u>Por lo general</u>**, la comunidad científica a nivel mundial **se ha opuesto <u>fuertemente</u>** a cualquier hipótesis de clonar a un bebé».

4. «El objetivo de la investigación de la clonación humana **nunca ha sido** el de clonar personas o crear bebés de reserva».

5. **La mayoría** de los **científicos** es de la misma opinión.
6. A partir de **entonces** le **apartaron de debajo de las luces** del escenario y **nunca más** tuvo oportunidad de **confirmar o negar** ese comentario.

Como se aprecia en estos ejemplos, se han introducido algunas señales como negritas y subrayados para marcar más explícitamente en qué segmento o palabra(s) se identifican aspectos como los que comentamos. Así, palabras o expresiones como «claro», «inevitable», «fuertemente», «por lo general», «nunca», «nunca más» revelan con mucha transparencia la postura del autor del texto respecto del tema central y la problemática planteada. Esto quiere decir que se presenta como muy negativo cualquier intento de clonación humana y sus resultados se generalizan como definitivamente nefastos. Parte de ello se afianza sobre la idea general de que la «mayoría» concuerda en esto. También se hace uso de recursos como la comparación entre «individuos» y «científicos», insinuando un carácter algo vago acerca de los primeros. Todo ello, junto con vincular a los primeros con instituciones en apariencia poco serias o poco prestigiosas, como (supuestamente) lo son las universidades, instituciones gubernamentales, etcétera.

Estos usos de marcas y expresiones van apoyando la construcción de los significados que el autor busca transmitir al lector. Por ello, un lector crítico y que busca construir significados profundos y aprender reflexivamente, debe ser capaz de reconocer estas marcas y así construir una interpretación de la postura del autor del texto y su entorno social, cultural y ético.

A continuación centramos nuestra mirada en un aspecto muy relacionado con lo anterior, pero que conduce a la evaluación de la postura del autor del texto y de la coherencia de su razonamiento. Por supuesto, que cualquier análisis de este tipo debe tener muy presente que cada lector también tiene una postura ideológica con valores y principios éticos, a veces no muy explícitos o conscientes, pero que guían y orientan su propia lectura. Todo este proceso progresivo de reflexión y toma de conciencia es fundamental en la construcción de un lector que elabora significados a partir del texto y desarrolla una capacidad evaluativa de lo leído.

Evaluar el razonamiento del escritor y los argumentos

Tal como ya se indicó, otra forma de construir una postura crítica y de aprender a tomar posición respecto de lo que se lee es evaluar los razonamientos del escritor en el desarrollo del texto y juzgar si sus argumentos parecen sólidos y se presentan sistemáticamente. La idea es descubrir las actitudes, los valores y opiniones del escritor o de los que «hablan» en los textos, es decir, de las distintas «voces» que se inscriben en el texto y que aportan información. Con esto se busca desvelar o exponer las ideologías subyacentes en los textos y despertar la conciencia del lector para que no sea manipulado indebidamente y logre una postura independiente. Aprender a descubrir los mecanismos que marcan la toma de posturas, perspectivas u opiniones es un trabajo de todo lector activo y crítico.

Un modo de llevar a cabo estas estrategias de lectura es proponiéndose a sí mismo interrogantes del siguiente tipo:

a) ¿Es un razonamiento claro y lógico el que emplea el escritor del texto?

b) ¿Resultan útiles y adecuados los ejemplos e ideas complementarias que se ofrecen en el texto?

c) ¿Son los elementos implícitos en el texto consistentes con el significado global del texto, es decir, la información omitida permite construir una representación de lo leído?

Reflexionar acerca de cómo el texto puede desafiar al lector

Un lector experto o avanzado que ya no sólo lee las letras, sino que construye los significados y aprende a partir de lo elaborado, también busca reflexionar acerca del modo en que el texto y sus contenidos lo desafían como lector activo y participativo. Para ello, en el contexto de lo expuesto en este capítulo, el lector está permanentemente cuestionando lo que lee y valorando y poniendo en contraste los significados que se van construyendo.

a) ¿Qué valores, creencias o pensamientos propios del lector pone en cuestionamiento el contenido del texto?

b) ¿El contenido del texto le crea al lector algún tipo de inquietud o disconformidad?

c) ¿Cree el lector que su propia posición o perspectiva del tema central impide una evaluación objetiva?

d) ¿Se da cuenta el lector de que el tema del texto y la postura del autor entran en conflicto con su propia visión al respecto de lo leído?

e) ¿Qué desafíos plantea este texto para la postura del lector?

f) ¿Se siente cómodo el lector con este tipo de lectura?

g) ¿Preferiría el lector otro tipo de contenido o texto o postura del autor?

Como se puede «sentir» o valorar, estas preguntas llevan al lector a poner en perspectiva su propia lectura y sus creencias. Esto es fundamental en una lectura activa que busca aprendizajes. El lector debe llegar así a evaluar su lectura y sus valores, pues ellos están, en cierto modo, siendo objeto de análisis a través de este tipo de textos. En lo que sigue, continuamos con esta misma línea de interrogar al texto, pero también al lector.

Cuestionar o interrogar lo leído en el texto

Como se ha venido mostrando, cuando se lee críticamente un texto, se entra en un fuerte diálogo con el mismo. Las respuestas que el lector se va planteando a sí mismo constituyen, en este ir y venir de información en la construcción de un diálogo, su turno de conversación con el texto, sus contenidos y las posturas del autor. Por supuesto que estas preguntas y respuestas pueden tomar diversas formas o contextos y también pueden ir más allá del diálogo entre el texto y el lector. Por ejemplo, pueden llevar a una discusión grupal de estudio entre compañeros de un curso, a una interacción en un *chat* o en un *blog* si el texto estuviera colgado en alguno de estos sistemas virtuales, o también puede derivar en preguntas que un alumno o profesor plantee en una clase en el colegio o en la universidad.

¿Cómo debería responder al diálogo con el texto?

La estrategia de dialogar con el texto se construye a partir de las diversas miradas que hemos venido proponiendo en este capítulo. De modo que ésta en particular no es una actividad aislada ni descontextualizada del resto, sino encadenada en todas las demás. Para avanzar en este camino de interacción con el lector y las voces del texto es importante compartir lo aprendido y no olvidar la «comunicabilidad de lo leído». Las respuestas al diálogo con el texto se pueden articular a partir de indicaciones del siguiente tipo:

Ser reflexivo. Normalmente cuando uno se interroga a sí mismo o cuestiona los contenidos de un texto o la postura del autor del texto se busca una respuesta bien elaborada o fundamentada. Para ello, se deben sopesar los argumentos y evaluar detenidamente las ideas expresadas en el texto y compararlas con las propias.

Ser selectivo. Toda respuesta debe tratar de ser concisa y precisa. No debería salirse de ciertos límites. No es posible cubrir o abordar todo de una sola vez. El diálogo con el texto y las ideas expuestas es estimulante, pero también debe ser focalizado; al menos, en las primeras lecturas analíticas.

Ser honesto con uno mismo. Para alcanzar un grado de satisfacción real a partir de lo leído y poder efectivamente construir conocimientos valiosos y perdurables, es fundamental que en el contexto en que se compartan las respuestas a cuestionamientos de cualquier tipo, el lector sea directo y veraz con sus reacciones. Para este fin, es importante asumir un rol activo y exponer las ideas con claridad y responsabilidad. Esto es, asumir una postura honesta y franca.

Ser fluido en las ideas y en las respuestas. La expresión tanto interna consigo mismo como verbalizada de forma oral o por escrito con otros debe dejar que los pensamientos fluyan, y que las ideas y sentimientos se expresen con claridad y concisión.

Es conveniente no olvidar que el principio de comunicabilidad de lo leído apunta a un diálogo no tan sólo con el texto, sino también con otros. Ya sean lectores del mismo texto o personas que no necesariamente hayan leído el mismo material escrito. Justamente este ejercicio de contar a otros lo leído, cuestionado, procesado y aprendido conlleva un gran esfuerzo e implica que de alcanzar éxito en la tarea, se ha llegado efectivamente a construir una representación muy profunda, perdurable y flexible de estos conocimientos.

En el último apartado de actividades para incrementar la capacidad crítica de lectura y construir aprendizajes perdurables, revisamos un tipo de procedimiento que permite apoyar la construcción de este tipo de conocimientos profundos, andamiado en otros previos.

¿Cómo llegar a ser un lector activo que logre todas estas estrategias? Los mapas conceptuales como mecanismo integrador

Hemos venido describiendo algunas estrategias que ayudan a un lector a transformarse en un cuestionador activo de los contenidos del texto y de la postura del autor. También se ha estimulado al lector a indagar su propia postura y creencias en virtud de lo leído. Todo ello ha sido mostrado con énfasis en ciertas preguntas e indicaciones que llevan a adquirir conciencia de los procesos de lectura. No obstante todo ello, se hace evidente que el lector requiere llevar a cabo otros procedimientos que le permitan llegar a desarrollar tal capacidad crítica y reflexiva. Los mapas conceptuales constituyen una alternativa que debe explorarse en esta línea de acciones posibles.

Cómo construir mapas conceptuales. Dos alternativas

Un modo de elaborar y construir un mapa conceptual de lo leído a partir de un texto es por medio del «agrupamiento de ideas clave» y del establecimiento de «conexiones entre algunas y otras ideas». Para la elaboración de estas redes de conceptos centrales a partir de la lectura profunda del texto se puede —a modo de ejercicio práctico— construir una representación gráfica que se puede dibujar en un papel o en una pantalla del ordenador. Esta configuración gráfica debe mostrar una jerarquía de las ideas del texto; para ello, se deben establecer ramificaciones entre las ideas de mayor jerarquía y las subordinadas. Las flechas, líneas, trazos y círculos permiten visualizar las relaciones que existen entre las ideas del texto. Existen diversos tipos de mapas conceptuales: algunos, más simples, sólo recogen las ideas principales del texto; otros pueden tener un carácter más organizador de las ideas y establecer nexos entre ellas de modo de representar, por ejemplo, los argumentos que esgrime el autor del texto.

En principio cualquier tipo de mapa conceptual que permita una representación sintética del significado del texto y que logre dar cuenta de los núcleos semánticos fundamentales se constituye en un apoyo importante para estudiar y, por tanto, en un instrumento vital de aprendizaje de los contenidos de ese texto. Por todo ello justamente, por ejemplo, la elaboración de un resumen resulta, en nuestra visión, un procesamiento muy constructivo y de alta participación del lector, lejano de una mera transcripción semiautomática.

Como una forma de mostrar la utilidad de estos recursos que apoyan el aprender a partir de los textos escritos, presentamos dos posibles mapas, construidos a partir del texto *La clonación humana: los riesgos*.

En el primero de ellos se ha privilegiado una organización de resumen más apegado a los significados globales del texto, sin practicar una distinción de categorías más implícitas. Sí se rescata la jerarquía de ideas fundamentales y algunos nexos entre ellas.

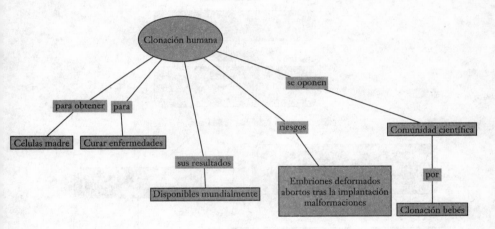

Figura 16. Primer mapa conceptual.

Como se aprecia en la Figura 16, existe un núcleo de base en la clonación humana a partir del cual se desprenden una serie de seis hechos. Éstos están presentados a través de palabras o expresiones vinculantes que representan diversos tipos de relaciones semánticas. No existen entre estos marcadores de relaciones distinciones muy específicas, sino que apuntan a relaciones generales. La construcción de este mapa conceptual implica una lectura profunda de los significados del texto. Todo lector que llegue a elaborar un mapa de este tipo ha debido hacer un trabajo muy activo y comprometido con el texto. Una mera lectura superficial no permite la construcción de una representación como la aquí entregada.

En la Figura 17 se ofrece una segunda representación gráfica de las ideas del mismo texto acerca de la clonación humana. En este caso, existen algunas diferencias importantes con el anterior.

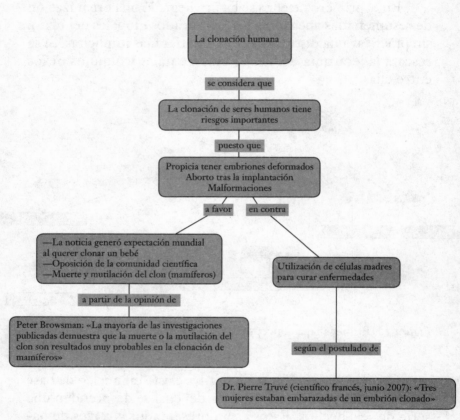

Figura 17. Segundo mapa conceptual.

En esta figura se puede notar que se ha enfatizado una perspectiva particular, es decir, se introduce una lectura más avanzada que en la figura anterior. Lo que se destaca aquí es la lectura de un lector de una posible organización argumentativa con posturas a favor y en contra, la cual se supone rescatada desde el texto leído. Como se comprende, ésta constituye una representación más personal y con cierto grado de evaluación, aunque es deseable que haya cierto grado de consenso en cuanto a que éstos son los significados presentes en el texto en cuestión.

Leer y aprender con las nuevas tecnologías: papel y pantalla de ordenador

Hoy en día existe un gran debate acerca de la entrada en escena de las nuevas tecnologías de la información en la vida cotidiana de las personas y de la forma en que ellas podrían estar cambiando los escenarios de lectura y de aprendizaje a partir de lo leído. Posturas extremas señalan que estamos presenciando los últimos momentos de la cultura del objeto texto escrito, particularmente en el formato tipo libro. Mucho se especula en estos entornos. Algunos llegan a hablar de una segunda revolución después de la era Gutenberg. Lo cierto hasta ahora es que desde que aparecieron los libros y su multiplicación lo que se constata es que la magnitud del impacto del texto escrito sigue creciendo exponencialmente y la cultura letrada parece adquirir cada vez mayor prestigio y se revela como un suceso en expansión. Baste pensar que en todo el mundo existe una seria crisis en los procesos de lectura y de comprensión profunda de los textos escritos. Así, en muchos países (incluso aquellos llamados «desarrollados»), los niveles mínimos de alfabetización inicial no alcanzan impacto suficiente en las poblaciones estudiantiles.

De este modo, si aún no contamos con sistemas altamente eficientes de enseñanza/aprendizaje de los procesos de lectura en papel, aventurarnos a suponer que gran parte de los ciudadanos del mundo estarán conectados a la red de redes de modo permanente como único y exclusivo medio de acceso a la información escrita constituye una tremenda paradoja. En parte por ello mismo, resulta interesante preguntarnos de qué modo ha cambiado la concepción de lectura y de lector (si es que ha cambiado) con la introducción de los formatos digitales.

167

Leer y aprender a partir de textos digitales: protagonismo
del lector en la lectura en pantalla de ordenador

Sin lugar a dudas, los ordenadores e Internet han producido ciertos cambios importantes en el rol del lector y su participación en la interacción con el autor o escritor de un texto. Un aspecto que se revela como altamente interesante y que muestra algunos cambios en la cultura de la comunicación escrita es la interactividad que ha emergido en los ámbitos virtuales entre el escritor que publica su texto en la web (ya no en un libro en papel) y los lectores (ya no frente a un trozo de papel) que le comentan, refutan o expanden sus ideas. Esta conexión lector-escritor (ahora a través de formatos digitales tales como el ordenador, el teléfono móvil, etcétera) clásicamente no podía ser asumida de forma interactiva y con participación real en la comunicación vía papel. En esta interacción desplazada temporal y espacialmente, el escritor quedaba relegado a una desconexión del autor del texto, salvo por el texto mismo. Con la aparición de la tecnología digital, esta conexión lector-escritor enfrenta posibilidades muy enriquecedoras para ambos interactuantes a través del texto escrito.

Así, un texto escrito en papel en su versión clásica tipo libro debe llegar a ser lo más autónomo posible de su escritor, pues se desvincula de éste en el espacio y en el tiempo y es el lector quien debe hacer los esfuerzos por re-construir los significados intentados en la hoja de papel. Sólo la comunicación oral cara a cara es caracterizada como espontánea, escasamente planificada y con retroalimentación sincrónica (en el momento) e instantánea.

Desde esta perspectiva, es cierto que con la aparición de la comunicación e interacción digital el protagonismo del lector en la relación escritor-lector se ha visto diversificado grandemente. En algunos tipos de interacción en páginas electrónicas (por ejemplo, en el llamado *blog)*, se realiza la comunicación a través de la lengua escrita, pero —por primera vez en la historia— el lector puede interpelar, comentar, ofender o felicitar al autor/escritor del texto fuente en forma directa y con toma de conocimiento por parte de este último. Ello ha traído el surgimiento de una nueva manera de relacionar escritor y lector, en donde el lector adquiere un rol más participativo y vinculante con el autor/escritor. Esto se aprecia de modo particular en algunas prácticas discursivas, como es lo que ocurre en los *blogs* de tipo periodístico o en algunos otros formatos tipo páginas electrónicas interactivas o en los *chats*.

En estos formatos textuales interactivos virtuales existe la posibilidad de retroalimentación en las interacciones sincrónicas e, incluso, en las asincrónicas. Esta nueva modalidad de interacción a través de un diálogo por escrito constituye un encadenamiento discursivo no pautado, que se activa por un texto escrito colgado en una página de Internet, pero que está abierto a comentarios diversos e incluso interpelaciones al autor/escritor por parte de su audiencia. E, incluso, a interacciones verbales entre miembros del mismo grupo de lectores. Ellos pueden estar de acuerdo o en desacuerdo con lo leído y llegar a un diálogo por escrito en que expresen sus puntos de vista.

En definitiva, se ha producido un cambio progresivo pero contundente. Sobre todo en los formatos como *Facebook*, *Twitter*, *blogs*, *chats*. Así, en cierto modo, el proceso más clásico caracterizado por cierta unidireccionalidad en la comunicación escrita hoy se ve enfrentado a una bidireccionalidad o incluso multidireccionalidad en el flujo de los mensajes. Esta característica, que tradicionalmente era atribuida a la oralidad y a las conversaciones cara a cara, se aprecia en proceso de cambio. En todo ello destaca gran espontaneidad y capacidad de reacción instantánea.

Algunos rasgos de esta comunicación escrita emergente son los siguientes:
—Inmediatez.
—Interactividad.
—Horizontalidad de las relaciones.
—Posibilidad de respuesta.
—Sincronía en la interacción.

—Bidireccionalidad o multidireccionalidad de las interacciones.
—Cuestionamiento de la autoría del escritor.

Todo esto nos conduce, en cierto modo, a una cierta resignificación del concepto de lectura y aprendizaje, pero ahora en otros entornos y con otras posibles demandas lingüísticas y cognitivas. El lector —digamos tradicional, de libros en papel— ahora debe enfrentar la emergencia de un nuevo lector. Este lector de documentos digitales se ve enfrentado a asumir nuevos roles, superando algunos de los más clásicos para así llegar a enfrentar nuevos escenarios de lectura y aprendizaje.

Estas características más arriba descritas llevan a un *protagonismo* del lector como nunca antes había sido imaginado. Sin lugar a dudas, ello tiene implicaciones incluso pedagógicas, pues la escuela y el sistema educativo deben revisar cómo se formará a este nuevo tipo de lector.

Objetivos de lectura: ¿leer y aprender a partir del papel o de la pantalla del ordenador?

También existen diferencias importantes de tipo jerárquico entre los propósitos con que un lector se aproxima a un texto, sea escrito en papel o en una página electrónica. Puede ser que se lea para pasar el rato (por ejemplo, mientras estamos en la espera de una consulta médica), para entretenerse (como un modo de divertir a un niño), para buscar una información específica (como el año en que nació una persona), para memorizar (por ejemplo, un listado de ingredientes en una receta de cocina), o para estudiar y aprender a partir de la información del texto (nivel superior y más exigente). Entre los primeros niveles no necesariamente existe algún tipo de retención de información. Por ejemplo, después de abandonar la consulta médica, no recordamos nada respecto del artículo de propaganda de tal o cual medicamento. Sin embargo, cuando leemos con comprensión profunda, esto es, cuando buscamos deliberadamente aprender, los procesamientos cognitivos y lingüísticos implicados buscan que construyamos nuevas estructuras mentales, nuevas representaciones en nuestra mente y conexiones en nuestro cerebro. Este nivel superior de comprensión —sea en papel o en pantalla de ordenador— requiere alta concentración, capacidad de utilización de los conocimientos previos del lector y decisión consciente y deliberada de involucrarse en el aprendizaje.

Al respecto, las investigaciones realizadas por los equipos de la Escuela Lingüística de Valparaíso de la Pontificia Universidad Católica de Valparaíso, Chile, han aportado diversos hallazgos en el tema de leer en pantalla de ordenador y leer en papel. Estas investigaciones en alumnos universitarios de diversas carreras han revelado que, cuando se lee por entretenimiento, no existe diferencia importante entre la lectura en papel y en pantalla de ordenador. Esto quiere decir, por un lado, que los tiempos de lectura son similares al enfrentar una hoja impresa de papel que al usar el ratón para desplazarse por la hoja en html. Como parte de estos hallazgos científicos en grupos de jóvenes universitarios, también se ha mostrado que cuando se busca una lectura con comprensión profunda, muchas veces los alumnos universitarios imprimen el documento de la web, es decir, cuando se busca estudiar o leer para comprender y aprender, no basta la lectura en la pantalla del ordenador. Aunque muchos sujetos han desarrollado y emplean diversos recursos tácticos como marcar el texto en la pantalla con colores, o subrayar o ennegrecer palabras o frases que consideran claves, los datos científicos recabados indican que la comprensión profunda y el aprendizaje perdurable exigen una lectura dedicada, y ésta se alcanza muchas veces de mejor modo a través del papel.

Otras investigaciones en que se compara la comprensión de textos en formato html en que se «desenrolla» un papel —es decir, texto en pantalla de ordenador, en formato simple y plano, pero en formato de página electrónica con hipervínculos y conexiones a otros sitios— han revelado que el nivel de comprensión puede ser más profundo cuando las conexiones que se establecen son significativas para el lector.

También se ha detectado que existen diferencias relevantes en el tipo de texto o género del discurso que se lee y se escribe en el ordenador. Cuando se escribe en el ordenador, por ejemplo, un texto científico, muchas veces el escritor debe imprimirlo para llevar a cabo una revisión profunda de sus ideas y comprobar que ha plasmado adecuadamente sus pensamientos a través de la escritura. Existen datos que demuestran que muchos escritores no se dan cuenta de los errores que cometen cuando escriben en pantalla. Es común que se repitan ideas, se hayan saltado palabras claves en su redacción, o que se hayan dejado frases inconclusas. Un aspecto muy interesante de estos hallazgos es que estos lectores han leído y revisado varias veces sus textos en la pantalla del ordenador; sin embargo, sólo cuando han impreso en papel su escrito y lo han leído conscientemente y con deliberado propósito de revisión, se dan cuenta de errores de diversa índole.

Actitud hacia la lectura en pantalla

En otra de las investigaciones realizadas en la Pontificia Universidad Católica de Valparaíso (Chile) se indagó entre la relación de los resultados de una prueba de lectura presentada a través de pantalla del ordenador y los resultados de una encuesta, respecto de la actitud hacia la lectura en pantalla. Los datos de la encuesta se obtuvieron considerando las respuestas a seis preguntas:

1. Si tu profesor o tus compañeros envían información por correo electrónico, ¿prefieres imprimirla, imprimir ciertas partes o leerla en la pantalla?
2. Si buscas información en Internet, ¿prefieres imprimirla, imprimir ciertas partes o leerla en la pantalla?
3. Si necesitas información de una revista especializada que está en la web, ¿prefieres imprimirla, imprimir una parte o leerla en pantalla?

4. Si encuentras un libro en Internet, ¿prefieres leerlo en la pantalla, imprimir algunas partes, o esperar que aparezca en una librería?
5. Si tu profesor te envía material para estudiar, ¿prefieres imprimirlo, imprimir una parte o leerlo en la pantalla?
6. ¿Prefieres leer en papel, en la pantalla del ordenador o depende de qué se trate?

Las respuestas fueron organizadas desde un eje en que ellas indicaban claramente la preferencia por leer en papel hasta aquellas que apuntaban a una decidida preferencia por la lectura en pantalla. Había un nivel intermedio para las respuestas que señalaban que preferían imprimir una parte o que dependía de qué se trataba lo que leían. Los resultados generales indicaron que en alrededor del 60 por ciento de las ocasiones los sujetos de la muestra prefieren la lectura en papel, a pesar del coste de tiempo y dinero que implica imprimir la información que llega por el medio informático.

También se indagó en las posibles diferencias en la preferencia por la lectura en pantalla entre los alumnos que evidenciaron mejor rendimiento en la lectura en ese medio y los que demostraron un rendimiento bajo en esa condición. La diferencia entre ambos grupos de lectores indica que no se detecta una mayor preferencia por aquellos sujetos que comprenden mejor en pantalla a favor de leer en este medio.

Con estos datos a la vista, cabe señalar que, a pesar de la abundancia de especulaciones sin sustento científico que se hacen a través de una diversidad de medios respecto a leer en pantalla y en papel, no existe información contundente para afirmar que los libros en papel desaparecerán y que serán reemplazados definitivamente por los *ebooks* o cualquier otro formato electrónico. De este modo, las ideas apocalípticas que vaticinan la muerte definitiva del libro clásico suenan a un tipo de ciencia ficción pasada de moda. Así, la utopía tecnológica de contar únicamente con una biblioteca universal sin soporte en edificios tradicionales con estantes y escaleras parece difuminarse. Por el contrario, lejos de las ideas de algunos entusiastas que declaran el predominio único de la virtualidad, lo que ha emergido —según ciertos especialistas— es un nuevo sistema complementario de biblioteca que se ha denominado como *tipo híbrido*, en donde ambos formatos coexisten. Esto quiere decir que no se busca contraponer el formato táctil con el digital, sino alcanzar una integración y complementariedad de ambos para el mejor aprovechamiento de los recursos de lectura para el estudio, la investigación y el entretenimiento. Desde este modelo híbrido, el lector accede a diversa información en la web pero también hace uso extenso de las bibliotecas en papel, en las cuales muchas veces encuentra documentos que sólo existen en formato tipo libro tradicional y otros textos clásicos que es difícil encontrar en la web por razones de agrupación temática, de pago de propiedad intelectual, de autoría, de procedencia u origen, o de fiabilidad científica.

En definitiva, leer en papel y leer en pantalla de ordenador también parecen encontrar una complementariedad e integración, aun para los más recalcitrantes defensores de lo digital en exclusividad. Así pues, según los propósitos de lectura que se persigan, es factible optar en un caso por una lectura en pantalla del ordenador, pero —frente a otros propósitos como estudio y búsqueda de aprendizaje profundo— se opta por leer en papel. Incluso para poder subrayar, marcar, realizar anotaciones en el margen o al pie y mantener este soporte de información para el estudio, la re-visión y el estudio detenido. Como se desprende, al parecer, los lectores aún se resisten a concebir el mundo sin libros con olor y texturas y sin bibliotecas físicas que recorrer y en las cuales sorprenderse del hallazgo de un ejemplar singular que abre un camino de indagación y reflexión permanente.

Leer en la universidad y en el mundo profesional

INTRODUCCIÓN

Si saber leer y aprender a partir de textos de contenido general constituye un desafío para muchas personas, saber leer textos especializados y aprender a incorporarse a un grupo de especialistas por medio de conocimientos de disciplinas específicas puede resultar aún más complejo. Sobre todo, si no se conocen las características de los medios escritos a través de los cuales se accede a ese saber disciplinar. Por ello, un asunto importante es conocer y describir los géneros discursivos o clases de textos escritos que dan forma a una disciplina y que son —en definitiva— a través de los cuales ese conocimiento especializado se genera, estabiliza y difunde dentro de una comunidad específica y hacia los nuevos miembros.

En este capítulo abordamos el estudio de los géneros discursivos que circulan en la formación académica de sujetos de cuatro carreras universitarias y de los géneros que los licenciados de esas mismas carreras emplean una vez que se encuentran en el medio laboral. Las áreas disciplinares constituyen, en Chile, dos carreras de las Ciencias Sociales (Psicología y Trabajo Social) y Humanidades y dos carreras de las Ciencias Básicas y de la Ingeniería (Química Industrial e Ingeniería en Construcción).

El objetivo específico que perseguimos guarda relación con brindar una mirada amplia de la diversidad de géneros que se crean, emplean y reconstruyen en ambientes especializados como son la formación universitaria y algunos espacios de la vida profesional. A partir del *Corpus PUCV-2006* se han llegado a identificar veintinueve géneros discursivos, los cuales caracterizamos brevemente, junto a definiciones y ejemplificaciones. Con esta mirada, buscamos mostrar los desafíos que un lector en formación académica y en contextos profesionales deberá enfrentar en la universidad y en el mundo profesional y de los medios discursivos escritos que darán forma al conocimiento en esos contextos sociales y culturales. Para comenzar, revisaremos brevemente algunos puntos relevantes para entrar en la materia de este capítulo.

Dificultades para leer y aprender en ambientes académicos y profesionales

Existen diversas investigaciones que muestran los problemas de lectura que diversos lectores presentan al enfrentar textos escritos especializados tanto de tipo académico como profesional. Estos géneros discursivos disciplinares encierran una serie de características no suficientemente conocidas y ello hace que los lectores y escritores que los enfrentan tengan problemas para su cabal comprensión. En parte, ello se genera porque son géneros discursivos que nunca antes habían sido leídos por estos sujetos, ya que no eran requeridos como medios de interacción dentro de las situaciones sociales y culturales que, hasta ese momento, les había tocado vivir. En esto también se hace evidente el rol social y contextual que cumple la lectura —tal como ha sido destacado en otros apartados de este libro, por ejemplo, en el capítulo II—. En otras palabras, dado que los sujetos que acceden a la universidad o al mundo laboral deben construir significados diferentes, como medios de expresión y comunicación en contextos emergentes y con demandas específicas hasta ese momento de sus vidas, los géneros discursivos que se construyen para esas comunicaciones son nuevos no sólo en su contenido temático sino también, entre otras cosas, en su modo de organización de la información y en los propósitos que buscan satisfacer.

Muchos de los estudios realizados hasta ahora no permiten distinguir con absoluta claridad los géneros discursivos asociados, por un lado, al ámbito académico y, por otro, al profesional. Un número importante de investigaciones se ha focalizado preferentemente en disciplinas como la medicina, las leyes, los negocios, la historia y en el terreno de las organizaciones gubernamentales, pero no existen estudios empíricos robustos en otras áreas del saber, salvo escasas excepciones. Por ello, en este capítulo mostramos similitudes y diferencias entre otras áreas del conocimiento y también destacamos relaciones entre el mundo académico universitario y el laboral.

Géneros académicos y géneros profesionales a través de las disciplinas

Como se sabe, el lenguaje escrito es el medio preferente con el cual se crea, fija y transmite el conocimiento disciplinar; en concreto, a través de aquellos géneros discursivos específicos que apoyan la construcción inicial de saberes especializados y que, de forma gradual, van cimentando la integración a una comunidad discursiva particular. Desde este contexto, los géneros académicos y profesionales se estructuran mediante un conjunto de textos que se organizan a través de un *continuum* en el que se van concatenando desde los textos escolares generales hacia los académicos universitarios y los profesionales. Ahora bien, centrados en los mundos académicos y profesionales, es de esperar encontrar que ciertos géneros ocurran a la vez en uno y otro contexto, es decir el académico y el laboral. Estos pasajes entre el mundo universitario y el mundo laboral constituirían nichos en los que el conocimiento avanza más fluidamente, debido a que el lector estará familiarizado con el género.

La Figura 18 ilustra estas interacciones e intersecciones; al mismo tiempo, a través de esta figura se intenta capturar la idea de que es posible que exista un mismo género que circule y transite de una disciplina a otra; por supuesto, con variación de contenidos, pero con una misma organización de la información escrita.

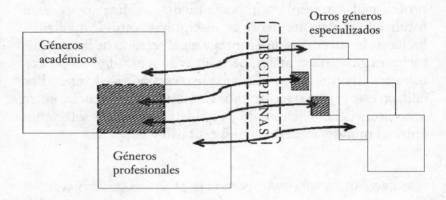

Figura 18. Las disciplinas y los géneros académicos y profesionales.

Las flechas de doble punta (bidireccionales) muestran cómo existirían posibles puntos de intersección entre géneros académicos, profesionales y otros géneros especializados, mientras todos ellos transitan a través de diversas disciplinas. En efecto, el área sombreada de intersección pretende dar cuenta de ello. Como se comprende, algunos de estos géneros son característicos de un solo ámbito —ya sea el académico o el profesional— o de una sola disciplina. Otros están presentes en varios contextos y adquieren posiblemente formas y funciones diversas. De hecho, las líneas punteadas de la intersección académico-profesional destacan el carácter provisional de los géneros allí encontrados. Es una frontera difusa que puede llegar a ser eventualmente traspasada por géneros en transición.

Los géneros discursivos constituyen saberes que, aunque no necesariamente de forma consciente, sí son utilizados de forma activa por los lectores y escritores en los diferentes ámbitos de la vida cotidiana. Todos los días interactuamos a través de géneros discursivos. Por ejemplo, la revista de música, la factura del teléfono móvil, la receta o prescripción médica, la carta de amor, todos ellos son géneros que construimos para comunicarnos. Nuestros significados y la expresión de ellos van dando forma a los diversos géneros. Desde esta mirada, todo lector experto en una disciplina deberá conocer y leer los textos que pertenecen a un género e, incluso, deberá aprender a escribir muchos de ellos.

Veamos a continuación dos ejemplos de textos escritos en dos áreas del conocimiento, pero que pertenecen a un mismo género discursivo. Esto es, son una muestra de cómo los textos de un mismo género son, en algunos casos, transversales a las disciplinas. Vale la pena destacar que en el capítulo II presentamos un texto similar a éste. Si el lector de este libro leyó y aprendió de ese capítulo, puede que haya aprendido acerca del género discursivo y lo reconozca de inmediato.

En este artículo se argumentará que los sistemas complejos son impredecibles y que cualquier manipulación del genoma humano puede derivar en peligrosas consecuencias, tanto para el desarrollo individual como para la humanidad. Se desarrollarán los aspectos más actualizados sobre el pensamiento de la complejidad, referidos a la visión sistémica de la vida, las características de la célula como sistema complejo y la impredecibilidad de las consecuencias de la manipulación del genoma humano.

Este primer pasaje textual corresponde al apartado final de la sección *Introducción* de un Artículo de Investigación Científica (AIC) de una revista de bioética, publicado durante el segundo semestre del año 2008. En esta sección queda claro el objetivo del trabajo y el modo en que ello se llevará a cabo. Los núcleos conceptuales y disciplinares son altamente especializados y dan cuenta de la especificidad disciplinar del artículo. Los AIC son géneros muy especializados a través de los cuales se construyen y transmiten conocimientos disciplinares de última generación. En general, suelen tener una organización de la información que se ajusta a ciertos patrones de escritura y de lectura muy normativizados y que los editores de las revistas científicas se encargan de exigir a los escritores.

En este caso este trabajo es, muy posiblemente, un estudio de gran actualidad en una revista de corriente principal en el área y podría ser lectura obligatoria para un especialista en el tema, tanto a nivel universitario en formación como para un profesional dentro de una empresa o una organización gubernamental o privada. Con ello, buscamos poner de manifiesto que todo lector especializado en esta área deberá saber leer los textos de este género y ellos serán fuente de aprendizaje de nuevos conocimientos, los que se irán construyendo desde los saberes ya almacenados en su memoria y re-construidos con los nuevos. También en este pasaje textual se alcanza a apreciar la problemática bajo análisis, parte de las conclusiones e, incluso, la postura del escritor, tal como revisamos en el capítulo IV. Tómese nota de la última frase: «[...] la impredecibilidad de las consecuencias de la manipulación del genoma humano». En ella se deja ver la perspectiva del autor y su postura frente a la manipulación genética.

A continuación presentamos un segundo texto con el fin de ilustrar el punto que venimos comentando.

El objetivo fundamental que nos hemos propuesto consiste en identificar la primera división político-administrativa de Chile como país independiente, y comprender su desarrollo y evolución histórica. Pretendemos comprender y analizar su origen y sus antecedentes más directos. Expondremos cómo se fueron aplicando progresivamente los criterios de división provincial y cómo se fueron incorporando al debate sobre este ordenamiento los conceptos republicanos de igualdad y democracia. Para ello dividimos el proceso en dos etapas claramente definidas para comprender la formación de la primera división provincial chilena. Se fijó el punto de separación entre una y otra en el momento en que la división del espacio chileno cambió su fisonomía tradicional de la Colonia por una nueva, una moderna, racional y republicana. Así, factores locales e influencias foráneas marcaron la evolución de la primera división político-administrativa tanto en su forma como en sus características.

El segundo pasaje textual seleccionado proviene también del apartado final de la sección *Introducción* de un Artículo de Investigación Científica (AIC), pero en este caso de una revista de historia, publicado en el mismo segundo semestre del año 2008. Resulta interesante comparar ambos ejemplares de textos, ambos pertenecientes al AIC. En este texto se notan también, al igual que en el anterior, los ejes temáticos o núcleos conceptuales en los que se enfoca el estudio: «[...] identificar la primera división político-administrativa de Chile como país independiente, y comprender su desarrollo y evolución histórica». Del mismo modo, el escritor identifica la manera en que realizará los dos objetivos plateados e identifica algunas de variables intervinientes en el proceso que le preocupa y esboza, al igual que el autor del AIC de bioética, un primer acercamiento a sus conclusiones: «Así, factores locales e influencias foráneas marcaron la evolución de la primera división político-administrativa, tanto en su forma como en sus características».

Estos dos ejemplos permiten darse cuenta de cómo un género discursivo puede estar presente en textos de dos disciplinas científicas, transmitiendo los conocimientos especializados que a una y otra las hacen identificables, pero también mostrando las especificidades temáticas de cada uno de ellos. Esto quiere decir que todo escritor de un AIC suele saber que debe ajustar su texto a ciertas convenciones propias del género, tales como indicar el objetivo del trabajo, declarar el modo en que llevará a cabo su estudio y anticipar parte de sus conclusiones. Todo esto se realizará independientemente y al mismo tiempo incrustado en la disciplina. Lo que resulta muy revelador es que ambos escritores, desde sus disciplinas, se ajustan a los marcos formales del género y cumplen con lo esperado. De la misma forma, los lectores conocen o aprenden a conocer estos modos de leer.

Por último, en este apartado queremos llamar la atención sobre un segundo hecho relevante. No tan sólo el AIC transita de una disciplina a otra, como aquí se ha mostrado, sino que también lo hace desde el mundo académico universitario hasta el mundo profesional y viceversa, tal como se ilustraba en la Figura 18. Esto quiere decir que el AIC se ha detectado como medio de acceso a los conocimientos especializados en la formación universitaria y también en diversos escenarios del mundo laboral. Así pues, el rol que cumple este género discursivo en la difusión y transmisión de conocimiento no sólo afecta a varias disciplinas, sino a más de un contexto social y cultural. Todo esto pone de manifiesto la importancia que se revela en saber leer y aprender a partir de géneros discursivos que construyen saberes disciplinarios en varios mundos de la vida de los seres humanos.

Lectura y escritura como accesos al saber disciplinar

Tal como se apuntaba más arriba, un sujeto que inicia una vida universitaria debe *aprender a leer* los nuevos géneros y contenidos específicos hasta llegar a *saber leer* y comprender con versatilidad un conjunto de nuevos géneros desde la especialidad en que se está formando. Sin embargo, la lectura no es la única habilidad fundamental que le permite el acceso a estos conocimientos. Existe un sinnúmero de habilidades, destrezas y estrategias que serán fundamentales en su camino a través de la formación académica. Por ejemplo, la oralidad ciertamente no está exenta de un rol singular en este proceso. Las clases y sesiones de estudio se efectúan mayoritariamente por medio de esta modalidad del lenguaje, del mismo modo que los aspectos cognitivos, visuales, táctiles y espaciales juegan también un rol importante en este proceso de socialización e inmersión en un nuevo proceso de culturización.

Si bien no desconocemos todos estos aspectos relevantes, el foco de este libro está en la lengua escrita. Por ello, son dos las habilidades en las que centramos nuestra mirada: lectura y escritura.

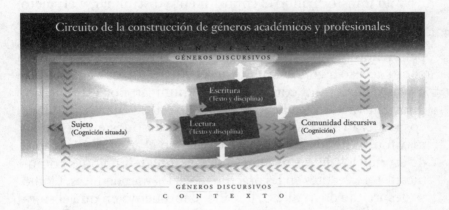

Figura 19. Circuito de la construcción de géneros académicos y profesionales.

Mediante la Figura 19 se ilustran las habilidades implicadas en los géneros discursivos y, en parte, a través de las cuales se ponen en juego unas acciones y relaciones vinculantes que dan paso a la construcción de conocimientos especializados. En este circuito de construcción de los géneros especializados, un sujeto que ingresa a una comunidad discursiva en el nivel universitario debe acceder a un conocimiento disciplinar, preferentemente a través de la lectura de los textos de su currículo. Todo ello en el contexto de una serie de actividades formales, tales como las asignaturas de su plan de estudios y las exigencias evaluativas y las interacciones —mayoritariamente orales— con sus profesores y sus compañeros de grupo. Este sujeto está así sumergido en un conjunto de géneros orales y escritos que andamian su construcción de conocimientos especializados.

En el contexto de este circuito de construcción y reconstrucción de prácticas discursivas, la lectura de los materiales escritos se complementa gradualmente con la práctica de la escritura de géneros especializados. Las relaciones sinérgicas entre ambas prácticas de lectura y de escritura especializadas van transformando el conocimiento disciplinar, y el sujeto va adquiriendo progresivamente un dominio de los géneros disciplinares y del conocimiento conceptual de su área. Dependiendo de los contextos, ciertos géneros sólo serán leídos como acceso a conocimientos específicos, otros constituirán tareas de escritura con el fin de comunicar, por este medio, informaciones específicas. Algunos de estos géneros académicos deberán ser leídos inicialmente y después ejercerán su máximo cometido comunicativo, cuando el aprendiz sea capaz de escribirlos de forma adecuada y cumplan funciones comunicativas relevantes en las prácticas sociales y académicas. Como se desprende de lo dicho, llegado el momento en que el sujeto escritor sea competente en aquellos géneros especializados altamente prototípicos de la disciplina y muestre el cabal dominio de esas prácticas discursivas, habrá demostrado su incorporación efectiva a la comunidad en cuestión. De este modo, la lectura es un paso fundamental en el acceso al conocimiento y la estructura discursiva del material escrito, pero sólo la producción efectiva de los textos escritos requeridos revela el máximo nivel de competencia discursiva de un sujeto.

En este sentido, lo que buscamos aquí destacar es que existirán géneros discursivos que un determinado sujeto aprendiz en una disciplina sólo leerá en ciertas ocasiones y también existirán otros que sólo escribirá en otros contextos. Por ejemplo, es muy posible que en una determinada área del saber, un alumno universitario lea manuales técnicos como acceso a la disciplina, pero resulta improbable que alguna vez escriba uno de ellos. Así, el dominio efectivo de la lectura y de la escritura en ciertos géneros garantizan la aproximación a conocimientos especializados tanto en la formación universitaria como en la vida profesional, dentro de contextos sociales y culturales específicos.

VARIEDAD Y RIQUEZA DE GÉNEROS EN LA COMUNICACIÓN ESPECIALIZADA

Tal como apuntábamos en la introducción de este capítulo, en lo que sigue mostramos la diversidad de textos que circulan en diversos ámbitos académicos y profesionales, como un medio de acercarnos a visualizar los conocimientos y estrategias de lectura que se requiere desarrollar en diversas áreas disciplinares en la universidad y en el mundo laboral a través de la comunicación escrita. Para ello, tomaremos como referencia los datos obtenido de una investigación realizada por uno de los equipos de la Escuela Lingüística de Valparaíso a partir del denominado *Corpus PUCV-2006*.

Declarado esto, lo primero que debemos enfocar son las carreras desde las cuales identificaremos los géneros.

	Dominios disciplinares
Ciencias Básicas y de la Ingeniería	Ingeniería en construcción
	Química industrial
Ciencias Sociales e Humanidades	Trabajo social
	Psicología

Tabla 3. Dominios disciplinares y carreras en el *Corpus PUCV-2006*.

Estas cuatro son las carreras desde las cuales hemos tomado todos los textos que los profesores entregan a sus alumnos como lecturas obligatorias o complementarias u optativas durante los cinco años de duración de un currículo universitario.

Diversidad de géneros académicos en cuatro disciplinas

Basados en los estudios realizados con base en el *Corpus PUCV-2006*, nos interesa mostrar los géneros que se identificaron a partir de un grupo de 491 textos recolectados a partir de las cuatro carreras ya indicadas. El equipo de investigadores de ese proyecto, mediante una serie de pasos teóricos y metodológicos, llegó a identificar nueve géneros discursivos. Se enumeran a continuación:

1. Artículo de Investigación Científica (AIC)
2. Conferencia (CONF)
3. Diccionario (DIC)
4. Guía Didáctica (GD)
5. Informe (INF)
6. Manual (MA)
7. Norma (NM)
8. Test (TEST)
9. Texto Disciplinar (TD)

La organización de esta información ha seguido el principio del orden alfabético por los nombres otorgados a los géneros. Se decidió optar por nombres relativamente simples, cotidianos y de fácil manejo en su uso. Como se aprecia, a partir de esta tabla, emerge un panorama muy heterogéneo que muestra la amplia diversidad de géneros que los lectores universitarios deben poder procesar en su formación disciplinar. En principio, es interesante llamar la atención hacia tres géneros de carácter divulgativo pero también especializado: Manual (MA), Guía Didáctica (GD) y Diccionario (DIC). Ello ofrece un panorama global inicial en que se conjuga, por una parte, el saber disciplinar propiamente tal a través del MA, que aborda conocimiento especializado pero también muy orientado a la divulgación y el acceso al conocimiento inicial. Así pues, el MA presenta un carácter didáctico variable en que se busca, en la mayoría de los casos, difundir saberes con apoyo de diversos recursos educativos (gráficos, tablas, diagramas, etcétera) y llevar a los lectores al desarrollo de ejercicios y aplicación de conocimientos. Por su parte, la GD pone en ejercicio conocimientos previamente abordados y funciona como un medio de extensión de las prácticas iniciadas en las aulas. El DIC se presenta como un importante recurso que apoya la comprensión de textos de mayor envergadura y facilita la apertura hacia la construcción de nuevos conocimientos.

También destacan otros géneros de mayor especialización, como son el Artículo de Investigación Científica (AIC), el Texto Disciplinar (TD) y la Norma (NM). Ellos revelan el modo en que la academia universitaria va abriendo los horizontes a los lectores y va exigiendo nuevas estrategias de lectura para enfrentar estos nuevos modos de acceder a saberes disciplinares. Esta diversidad de géneros muestra caminos que los alumnos universitarios muy probablemente no han transitado en su vida académica secundaria y que, por tanto, les exigen nuevos desafíos lingüísticos, cognitivos, sociales y de otros órdenes.

Ahora bien, como una forma de acercarnos a la diversidad de géneros, pero ahora en su ocurrencia a través de las cuatro disciplinas aquí presentadas, en la siguiente figura se muestran los géneros y su identificación por áreas.

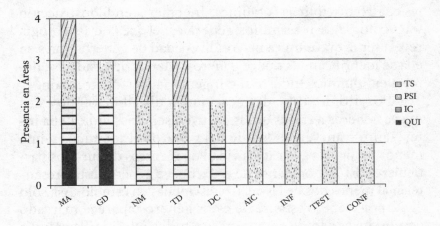

Figura 20. Distribución de géneros académicos por disciplina.

No sorprende comprobar empíricamente que el Manual (MA) es el género académico por excelencia y el único que circula a través de las cuatro disciplinas en cuestión. El MA, independientemente del área disciplinar, cumple un claro propósito pedagógico en el ámbito universitario. Su organización retórica prototípica, articulada en presentación de conceptos, planteamiento de problemas y ejercicios, resolución de los mismos, ampliación de ejercitación e inclusión de glosarios terminológicos, revela la entrega de núcleos de conocimiento codificados de manera sucinta y que, al mismo tiempo, despliega recursos instruccionales precisos para andamiar el acceso a la información nueva y ponerla a prueba a través de problemas y preguntas dirigidas. Asuntos todos resueltos paso a paso a través de los cuales se demuestra el modo de operar y actuar en el marco disciplinar. Esta articulación gradual de acercamiento a los núcleos temáticos, apoyados permanentemente con ejercitación y resolución pautada, implica una planificada interacción entre escritor y lector, en donde el rol del aprendiz queda clara y definitivamente especificado. Así, el autor-escritor actúa como el especialista disciplinar que guía al estudiante no iniciado en su aproximación a un nuevo conocimiento especializado por medio de pasos organizados jerárquica y progresivamente.

La Guía Didáctica, por su parte, se identifica en tres de las cuatro disciplinas (Química, Ingeniería en Construcción y Psicología). En términos generales, el área de Psicología revela ser la que emplea mayor diversidad de géneros, pues en ella se identifican los nueve géneros. Menor diversidad se detecta en Química Industrial e Ingeniería en Construcción.

Por último, cabe destacar que la distribución de estos nueve géneros a través de las cuatro disciplinas indica una interesante transversalidad de los géneros académicos y una menor tendencia a la exclusividad de recursos discursivos particulares. El 78 por ciento de estos nueve géneros está presente en al menos dos de las cuatro disciplinas en estudio. Así, sólo el 22 por ciento restante de estos géneros aparece marcado con exclusividad disciplinar y son todos ellos de Psicología (TEST y CONF).

Diversidad de géneros profesionales en cuatro disciplinas

Siguiendo los mismos procedimientos de clasificación empleados para el Corpus Académico, todos los textos de Corpus Profesional fueron analizados por el equipo de investigación según un mismo protocolo de procedimientos. Así, se llegó a determinar la existencia de veintiocho géneros discursivos en el Corpus Profesional, en las cuatro áreas disciplinares en indagación. En la Tabla 4 se consigna en orden alfabético el listado de géneros y su correspondiente abreviatura.

1. Artículo de Investigación Científica (AIC)	15. Manual de Operación (MAOP)
2. Base Licitación (BL)	16. Memorando (ME)
3. Catálogo Comercial (CC)	17. Memoria de Cálculo (MEM. CAL)
4. Certificado (CERT)	18. Noticia (NOT)
5. Conferencia (CONF)	19. Norma (NM)
6. Convocatoria (CONV)	20. Orden Médica (OM)
7. Cotización (COTZ)	21. Pauta de observación (PO)
8. Declaración (DEC)	22. Plan de Desarrollo (PD)
9. Diccionario (DC)	23. Plano (PLA)
10. Ficha Médica (FM)	24. Proyecto de Investigación (PI)
11. Folleto (FOLL)	25. Registro (REG)
12. Informe (INF)	26. Tesis (TES)
13. Ley (LEY)	27. Test (TEST)
14. Manual (MA)	28. Texto Disciplinar (TD)

Tabla 4. Listado de los veintiocho géneros del Corpus Profesional.

La diversidad de géneros que emergen desde el campo laboral se revela mucho más rica y heterogénea que la que se detecta en el ámbito universitario. En términos numéricos, es exactamente cuatro veces más grande. Se observa gran especialización y restricción disciplinar en algunos de ellos (Manual de Operaciones, Memoria de Cálculo, Plan de Desarrollo, Proyecto de Investigación), así como un posible mayor grado de uso general y amplia circulación en otros (Conferencia, Orden Médica, Diccionario, Plano, Noticia). A primera vista, se nota que algunos géneros son los mismos identificados en el Corpus Académico (Artículo de Investigación Científica, Norma, Manual, etcétera).

Esta amplia diversidad de mecanismos de comunicación escrita pone de relieve que el paso del mundo universitario al mundo profesional obliga a los lectores del área respectiva a enfrentar nuevas tareas de lectura. Esto también indica de modo certero que todo lector estratégico está capacitado para ser innovador y cuenta con la capacidad de generar nuevas estrategias para leer y aprender a partir de estos nuevos materiales escritos.

Con el fin de mostrar la ocurrencia de cada género a través de las cuatro disciplinas, éstos se organizaron gráficamente en la Figura 21.

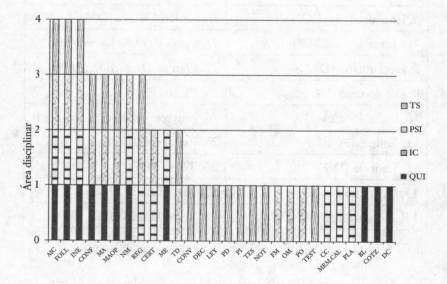

Figura 21. Distribución de géneros profesionales por disciplina.

En primer lugar, se debe consignar que sólo tres géneros —Artículo de Investigación Científica (AIC), Folleto (FOLL) e Informe (INF)— circulan transversalmente en las cuatro disciplinas. Este hallazgo resulta muy revelador, pues prueba de forma empírica lo sostenido teóricamente más arriba en cuanto a la transversalidad disciplinar de ciertos géneros. No resulta extraño que el AIC aparezca en las cuatro disciplinas, ya que constituye una fuente actualizada de información, así como instrumento vital de adquisición de conocimiento de punta. Ello implica que los cuatro profesionales utilizan este medio escrito para acceder a información de su disciplina dentro de sus actividades laborales cotidianas. El Folleto y el Informe son también instrumentos importantes en los procesos de entrega y recepción de información. El Folleto aporta datos relevantes y los hace circular entre audiencias diversas (por ejemplo, un folleto médico acerca de enfermedades contagiosas). Por su parte, el Informe deja constancia, entre otros, de una situación, procedimiento o análisis de un caso. En segundo lugar, los datos de la Figura 21 muestran que existen sólo tres géneros (Conferencia, Manual y Manual de Operaciones) ligados a tres disciplinas (TS, PSI y QUI), mientras que la Norma es exclusiva de PSI, IC y QUI. Por su parte, el Reglamento es prototípico de TS, PSI e IC. En tercer lugar, tres géneros se encuentran sólo en dos disciplinas: el Certificado en PSI e IC, el Memorando en IC y QUI y, por último, el Texto Disciplinar en TS y PSI. Es interesante comprobar que algunos géneros como el Certificado circulan en disciplinas tanto de Ciencias Sociales y Humanidades como en Ciencias Básicas y de la Ingeniería, mientras que los otros dos restantes se registran muy ligados al ámbito de especialidad. El MA ocurre en las llamadas «ciencias duras» y el Texto Disciplinar vuelve a mostrar, al igual que en el Corpus Académico, su importancia en el ámbito de las Ciencias Sociales y Humanidades. Esta distinción se revela con cierta consistencia y tiende a apuntar a un modo divergente de transmisión y construcción de conocimientos disciplinares.

Por último, se comprueba que de los veintiocho géneros, sólo once transitan a través de cuatro, tres o dos disciplinas. Los restantes dieciséis son exclusivos de una sola de las cuatro disciplinas en estudio. Ello quiere decir que el 61 por ciento de los géneros son prototípicos de un solo dominio de especialidad, mostrando la especificidad de la comunicación disciplinar y los requerimientos de construcción de instrumentos discursivos particulares para servir a propósitos determinados. En esta línea de análisis porcentual, cabe destacar que el restante 39 por ciento de los géneros indica algún grado variable de distribución a través de las disciplinas y que sólo el 10 por ciento de ellos aparece en las cuatro.

En la parte final de este recorrido por la diversidad de géneros del mundo académico y profesional y cuatro disciplinas, mostramos una comparación entre los hallazgos en ambos corpus: académico y profesional. La Figura 22 da cuenta de la interesante situación que se produce al determinar áreas de independencia y áreas compartidas en la identificación de los géneros, independientemente de la disciplina de la que provengan.

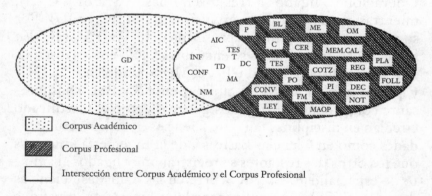

Figura 22. Intersección de géneros entre el mundo académico y el profesional.

Sólo un género emerge como exclusivo en el Corpus Académico, la Guía Didáctica (GD), mientras que veinte de ellos resultan exclusivos del Corpus Profesional. Ocho géneros se revelan como compartidos y, por ende, transitan paralelamente por los ámbitos académicos y profesionales. Estos hallazgos son muy reveladores de una situación no previamente identificada en la literatura especializada. Al menos en las cuatro disciplinas indagadas a partir de una institución de educación superior, son escasos los géneros que se pueden declarar como prototípicamente académicos, pues un alto porcentaje de ellos circula también o exclusivamente en el ámbito profesional. Como se ha dicho, la GD es el único género con exclusividad de la educación superior en estas cuatro carreras universitarias, su carácter pedagógico y decididamente didáctico educativo justifica tal aparición.

Estos datos son muy valiosos para la formación de lectores expertos, pues revelan que parte del material de lectura que es posible encontrar en la universidad también está presente en la comunicación escrita profesional. Ello muestra que estos géneros son accesos de encuentro entre conocimientos previos de los lectores y que aparecerán en nuevos contextos diferentes.

Así, los ocho géneros compartidos con el mundo laboral constituyen un puente entre la academia y la vida profesional. De hecho, entre otros, el Manual (MA), el Artículo de Investigación Científica (AIC) y el Texto Disciplinar (TD) son parte de estos géneros que aportan un propósito y un contenido especializado en la formación universitaria y que se consideran como repositorios de conocimientos disciplinares. Curiosamente, como se aprecia, estos tres géneros cumplen funciones muy similares en el mundo profesional, aunque los propósitos de su utilización pueden variar mucho.

Es posible pensar que el diseño emergente a partir de la Figura 20 constituya un adecuado *continuum* en la gradación del acceso e incorporación a la comunidad discursiva, aunque de hecho difícilmente responda a una cuidadosa planificación consciente. Esto quiere decir que se procede —desde un punto de inicio situado en la academia— a partir de un género muy didáctico y divulgativo (GD), junto a otros ocho que tienen un carácter más especializado y que también serán encontrados por el sujeto aprehendiente, con posterioridad, en su vida profesional. El punto extremo del *continuum*, según lo muestra la Figura 22, será el de mayor heterogeneidad y amplitud de géneros y se revelará al sujeto profesional ya en su medio laboral.

Por otra parte, también es factible argumentar desde el lado contrario. La reducida variedad de géneros encontrados en el medio académico (sólo nueve) en contraste con la mayor amplitud y diversidad del medio profesional podría ser un escollo en el adecuado transitar desde la academia al medio laboral, pues los accesos al saber y al hacer (es decir, los géneros discursivos, en este caso escritos) serían muy diferentes a los conocidos y manejados durante los cinco años de formación universitaria. En este sentido, los hechos descritos podrían ciertamente traducirse en una ralentización del proceso de integración y que afectaría al desempeño inicial del sujeto ya graduado de la universidad. Esta diversificación de géneros entre la academia y el mundo profesional impone nuevos mecanismos discursivos de acceso al conocimiento y a la práctica de la actividad profesional, gran parte de la cual se ejecuta a través de medios lingüísticos escritos. En este punto cabe preguntarse: ¿debe la academia hacerse cargo de la formación universitaria de los géneros que son exclusivos del medio profesional?, ¿debe la academia tomar conocimiento y conciencia y, por ende, acciones educativas respecto de estos géneros profesionales?, o ¿deben quedar los profesionales enfrentados sin mediar procesos de alfabetización especializada de ningún tipo a los nuevos mecanismos discursivos que su vida laboral les impone? Sin lugar a dudas, estas preguntas trascienden los límites de este trabajo y corresponden a interrogantes que deberán ser estudiadas en conjunto con las unidades educativas especializadas. Sólo diremos que la alfabetización especializada de los discursos disciplinares no es una cuestión que únicamente deba acontecer (como de hecho se hace) en las universidades, sino que también es responsabilidad de las empresas e instituciones tomar conocimiento de estos hechos y decidir rumbos de acciones.

DEFINICIONES Y EJEMPLIFICACIONES

A continuación, con el propósito de hacer más transparente la diversidad de géneros identificados y de apoyar el conocimiento de los lectores en formación, se presentan, en orden alfabético, las definiciones para cada uno de los veintinueve géneros del *Corpus PUCV-2006*, acompañado de un pasaje textual representativo.

1. Artículo de Investigación Científica. Género discursivo cuyo macropropósito comunicativo es persuadir respecto de un determinado punto de vista, asumido en una revisión teórica o respecto de los resultados obtenidos en un estudio empírico. Idealmente, su contexto de circulación es el ámbito científico, y la relación entre los participantes es entre escritor experto y lector experto. Preferentemente, se hace uso de un modo de organización discursiva argumentativo y con apoyo de recursos multimodales.

2. Base de Licitación. Género discursivo que tiene como macropropósito invitar. La invitación emana de un ente público o institucional y se dirige a organizaciones o empresas para que formulen propuestas de ejecución de un servicio determinado. En este sentido, la relación entre los participantes es entre escritor experto y lector experto, y el contexto ideal de circulación es el ámbito laboral. Generalmente, se trata de un género monomodal cuyo modo de organización discursiva predominante es el descriptivo.

3. Catálogo Comercial. Género discursivo cuyo macropropósito es ofrecer productos o servicios. La relación entre los participantes es entre escritor experto y lector experto, y el ámbito ideal de circulación de este género es el laboral. Generalmente, presenta recursos multimodales y predomina un modo de organización discursiva descriptivo.

4. Certificado. Género discursivo que tiene como macropropósito constatar un determinado hecho administrativo. Se produce normalmente a instancias de quien lo solicita, y por una persona con autoridad suficiente dentro de una institución o empresa para establecer que se ha cumplido con lo afirmado en el documento. La relación entre los participantes es entre escritor experto y lector lego, y el ámbito de circulación ideal es el universal. El certificado presenta un modo de organización discursiva predominantemente descriptivo y se privilegia la monomodalidad.

5. Convocatoria. Género discursivo cuyo macropropósito es invitar públicamente a una o varias personas o instituciones a realizar una actividad determinada bajo criterios preestablecidos. Los participantes configuran una relación entre escritor experto y lector experto. El ámbito de circulación es generalmente laboral. El modo de organización discursiva que predomina en este género es descriptivo, y su presentación privilegia el uso de recursos monomodales.

6. Conferencia. Género discursivo que tiene como macropropósito persuadir en el marco de una relación que puede configurarse entre escritor experto y lector experto o semilego en un ámbito científico. Preferentemente, se hace uso de un modo de organización discursiva argumentativo y de recursos multimodales.

7. Cotización. Género discursivo cuyo macropropósito es constatar el valor de un bien o servicio. Idealmente, circula en el ámbito laboral. La relación entre los participantes puede ser entre escritor experto y lector experto o semilego. Preferentemente, se hace uso de un modo de organización discursiva descriptivo y de recursos multimodales.

8. Declaración. Género discursivo cuyo macropropósito es consignar una decisión, intención o acuerdo acerca del estado, condición o naturaleza de algo. Normalmente, circula dentro de un ámbito universal y la relación entre los participantes es entre escritor experto y lector experto. Se utiliza la descripción como modo de organización discursiva predominante y es monomodal.

9. Diccionario. Género discursivo cuyo macropropósito es consignar la definición de conceptos o procedimientos de una disciplina o materia determinada. Su contexto de circulación ideal es el ámbito pedagógico, y la relación entre los participantes puede ser entre escritor experto y lector experto o semilego. Preferentemente, se hace uso de un modo de organización discursiva que es descriptivo y de recursos multimodales.

10. Ficha Médica. Género discursivo cuyo macropropósito es consignar el estado de salud de un paciente y de los procedimientos empleados para su tratamiento. Es utilizado entre escritores expertos y lectores expertos dentro del ámbito laboral. Es monomodal y presenta un modo de organización discursiva predominantemente descriptivo.

11. Folleto. Género discursivo cuyo macropropósito es ofrecer productos, servicios o informaciones. Circula, preferentemente, en un ámbito universal, y la relación entre los participantes es entre escritor experto y lector semilego o lego. El modo de organización discursiva predominante es descriptivo y se suele apoyar en recursos multimodales.

12. Guía Didáctica. Género discursivo cuyo macropropósito comunicativo es instruir acerca de una materia disciplinar específica o procedimientos. Su contexto de circulación ideal es el ámbito pedagógico y la relación entre los participantes es entre escritor experto y lector semilego o lego. Preferentemente, se hace uso de un modo de organización discursiva que es argumentativo y, en ocasiones, de recursos multimodales.

13. Informe. Género discursivo cuyo macropropósito es consignar situaciones, procedimientos o problemas. Idealmente, su contexto de circulación es el ámbito laboral, y la relación entre los participantes es entre escritor experto y lector experto. Suele ser monomodal y presentar un modo de organización discursiva que es descriptivo.

14. Ley. Género discursivo cuyo macropropósito es regular la conducta de los individuos y la ejecución de procedimientos y procesos diversos. Circula, idealmente, en el ámbito universal, y la relación entre los participantes es entre escritor experto y lector experto o semilego. Es monomodal y presenta el modo de organización discursiva predominantemente descriptivo.

15. Manual. Género discursivo cuyo macropropósito comunicativo es instruir acerca de conceptos o procedimientos en una temática especializada. Su contexto de circulación ideal es el ámbito pedagógico, y la relación entre los participantes es entre escritor experto y lector semilego o lego. Preferentemente, se hace uso de un modo de organización discursiva descriptivo y de recursos multimodales.

16. Manual de Operaciones. Género discursivo cuyo macropropósito es regular conductas o procedimientos. Idealmente, circula en el ámbito laboral, y entre escritor experto y lector experto. Normalmente, se hace uso de recursos multimodales, y el modo predominante de organización discursiva es el descriptivo.

17. **Memorando.** Género discursivo cuyo macropropósito comunicativo es constatar la entrega de información solicitada. Idealmente, circula en el ámbito laboral, y la relación entre los sujetos participantes es entre escritor experto y lector experto. El modo de organización discursiva predominante es descriptivo y se hace uso de recursos monomodales.

18. **Memoria de Cálculo.** Género discursivo cuyo macropropósito comunicativo es consignar procedimientos utilizados en alguna de las fases de una construcción. Circula en un ámbito laboral, y la relación entre los participantes es entre escritor experto y lector experto. El modo de organización discursiva predominante es descriptivo y se hace uso de recursos multimodales.

19. **Norma.** Género discursivo cuyo macropropósito comunicativo es regular conductas o procedimientos. Circula en el ámbito universal, y la relación entre los participantes es entre escritor experto y lector experto o semilego. Suele ser monomodal y presentar un modo de organización discursiva que es, predominantemente, descriptivo.

20. **Noticia.** Género discursivo cuyo macropropósito es constatar hechos de diversa naturaleza. Idealmente, circula en el ámbito universal, y la relación entre los participantes es entre escritor experto y lector experto, semilego o lego. El modo de organización discursiva predominante es narrativo. Se suele hacer uso de recursos multimodales.

21. **Orden Médica.** Género discursivo cuyo macropropósito comunicativo es guiar la ejecución de algún procedimiento médico. Circula en el ámbito laboral, y la relación entre los participantes es entre escritor experto y lector experto. Es monomodal y su modo de organización discursiva es, predominantemente, descriptivo.

22. **Pauta de Observación.** Género discursivo cuyo macropropósito comunicativo es regular la observación de alguna cosa o evento. Circula entre escritor experto y lector experto e, idealmente, en el ámbito laboral. Es generalmente monomodal y su modo de organización discursivo es descriptivo.

23. **Plan de Desarrollo.** Género discursivo cuyo macropropósito comunicativo es guiar acciones para encauzar el logro de uno o más objetivos. Circula entre escritor experto y lector experto y en el ámbito laboral. Se hace uso de recursos multimodales y su modo de organización discursiva predominante es descriptivo.

24. Plano. Género discursivo cuyo macropropósito es guiar la organización y distribución de una obra arquitectónica, una población o una máquina. La relación entre los participantes es entre escritor experto y lector experto. Idealmente, circula en el ámbito laboral y se caracteriza por contar con un predominio de recursos multimodales, así como con un modo de organización discursiva que es descriptivo.

25. Proyecto de Investigación. Género discursivo cuyo macropropósito comunicativo es ofrecer una propuesta de investigación científica. Idealmente, circula en el ámbito científico, y entre escritor experto y lector experto. Se utilizan recursos monomodales y se caracteriza por presentar un modo de organización discursiva que es argumentativo.

26. Registro. Género discursivo cuyo macropropósito es consignar el estado de un procedimiento o producto. Circula en el ámbito laboral y la relación entre los participantes es entre escritor experto y lector experto. El modo de organización discursiva característico de este género es el descriptivo. Se suelen utilizar recursos monomodales.

27. Tesis. Género discursivo que tiene como macropropósito persuadir acerca de un planteamiento teórico o ideológico. Idealmente, circula en el ámbito científico, y la relación entre los participantes es entre escritor experto y lector experto. El modo de organización discursiva predominante es argumentativo. Se suelen emplear recursos multimodales.

28. Test. Género discursivo cuyo macropropósito comunicativo es consignar características psicológicas de un sujeto. Circula en el ámbito laboral y la relación entre los participantes es entre escritor experto y lector lego. Puede ser multimodal y su modo de organización discursiva preferente es el descriptivo.

29. Texto Disciplinar. Género discursivo cuyo macropropósito comunicativo es persuadir respecto del tratamiento de uno o varios temas de una disciplina particular. Idealmente, su contexto de circulación es el ámbito científico, y la relación de los participantes es entre escritor experto y lector experto. Preferentemente, se hace uso de un modo de organización discursiva que es argumentativo. También se emplean recursos multimodales.

Corolario

'Saber leer'. ¿Hasta dónde llegamos desde los planes iniciales?

Los inicios de todo proyecto editorial plantean desde el comienzo miles de motivaciones y, a través de este devenir, se busca plasmar —tal como hemos visto a lo largo de este volumen— diversos objetivos por parte de los autores implicados y de los encargados de la ejecución editorial. Al ser un libro de tres escritores —o mejor dicho, escrito a tres manos—, sin lugar a dudas que los objetivos deben ser socializados en busca de consenso. Pero esto no es una labor que se realice de una vez para luego ponerse a escribir. Es una tarea permanente que a lo largo de este año y medio nos ha convocado regularmente.

Quienquiera que haya escrito en grupo una carta, un informe, un trabajo escolar o una receta de cocina sabe muy bien a lo que nos referimos aquí. Es, obviamente, muy complejo poner tres cabezas a escribir una idea, y más difícil aún a redactar un mismo párrafo. No obstante, lo hicimos y muchas veces escribimos a seis manos.

La escritura de este libro es prueba fehaciente de que hemos apelado a todos los diversos mecanismos de escritura colaborativa y que hemos transitado todo lo que se ha dicho acerca de escribir y revisar, y de leer, comunicar y criticar. En otras palabras, este libro es un producto de todo lo que en él mismo se dice acerca de los procesos de lectura, comprensión, comunicabilidad y aprendizaje. Todos estos eslabones han sido puestos a prueba para llegar a cada una de las páginas que dan forma al texto final.

De forma complementaria, una compleja red de lectores, revisores y asesores dan sustento a muchas de las ideas que aquí se plasman. Parte de nuestros colegas, de nuestros asistentes, nuestras tres parejas conyugales, en algunos casos nuestras hijas, han sido lectores de partes, pasajes, ejemplos o capítulos. Por supuesto, como es de rigor decir, ninguno de ellos es responsable de una sola palabra de este libro. Nosotros asumimos, como debe ser, nuestro trabajo y su autoría, con todo lo que ello implica.

El libro, al mirarlo ahora como un todo, nos permite una evaluación de lo prometido y lo hecho en concreto. A través de sus páginas, hemos llegado a cubrir una amplia gama de contenidos diversos, todos vinculados de manera certera con la lectura y los textos escritos. En este recorrido, hemos ido desde los conceptos de leer en términos muy amplios hasta algunos más precisos y técnicos, y hemos avanzado hacia el texto y los géneros en un afán por aproximarnos al objeto mismo de la lectura. Todo ello nos permitió presentar el complejo y dinámico proceso de la lectura, pues no es un asunto que sólo se restrinja a un trozo de papel o a las letras desparramadas en un libro o texto cualquiera. En efecto, hemos puesto especial atención en mostrar que la lectura tiene que ver con un sujeto lector, un texto en formato papel o digital y un entorno social y cultural. El sujeto tiene objetivos de lectura, sentimientos y conocimientos de diversa índole. También a través de su vida va desarrollando un bagaje de estrategias de lectura, a partir de los textos y situaciones de lectura que le va tocando enfrentar. Todo ello ciertamente entra en el juego de saber leer.

Por su parte, el texto como materialidad física y lingüística y como materialidad multimodal existe fuera del sujeto y reúne un conjunto de características de extensión, formato, modos de organización y estructura de la información. Hemos tratado, paso a paso, de ir mostrando cada uno de estos eslabones y de llamar la atención sobre su importancia específica.

También hemos buscado ir más allá de saber leer en un sentido fijo; por ello, hemos avanzado hasta leer y aprender a partir de los textos escritos y al desarrollo de un lector estratégico y consciente de su rol en el contexto de lectura. Por último, desde este eslabón también hemos visualizado el aprendizaje a partir de géneros académicos y profesionales en el contexto de cuatro disciplinas científicas: Psicología, Trabajo Social, Ingeniería en Construcción y Química Industrial. Ello nos ha permitido mostrar la tremenda riqueza de géneros discursivos que determinados lectores en formación especializada deberán enfrentar y para los cuales deberán desarrollar estrategias específicas; todo ello con el fin no sólo de acceder a los conocimientos disciplinares, sino también como medio de acceso a los grupos de personas que dan forma a esas disciplinas y profesiones.

En definitiva, la interacción entre el lector, el texto y el contexto social y cultural constituyen, en conjunto, el dinámico proceso de saber leer. Y en la mirada retrospectiva de este volumen creemos haber visitado algunos puntos centrales en cada eje de este magnífico *continuum* de variables. Desde esta etapa evaluativa podemos decir que falta mucho por decir acerca de la lectura, pero que de acuerdo a nuestras expectativas hemos llegado en buen pie a esta fase de cierre.

LOS CONTENIDOS

Tal como ya se ha dicho en diferentes apartados, el objetivo que guió la escritura de este libro fue, fundamentalmente, poner a disposición de los no especialistas algunos de los avances que desde diversas disciplinas se han logrado acerca del complejo y multifacético proceso de lectura. Es evidente que nuestra audiencia está constituida por adultos que saben leer; de lo contrario, no podrían leer esto que tienen entre las manos y que está dedicado precisamente a ellos. Por eso mismo, es probable que nunca hayan pensado en todo lo que sucede en su propia mente cuando llevan a cabo esta actividad, tan común y necesaria en las culturas que cuentan con la escritura como medio de información y comunicación.

Este fenómeno —la habilidad para comprender y producir textos—, privilegio en sus comienzos de una minoría selecta, con el paso de los siglos quedó a disposición de grandes mayorías. Hoy, gracias a los avances tecnológicos y la mayor posibilidad que tienen las nuevas generaciones de acceder a los ordenadores personales, la telecomunicación —iniciada con la invención de la escritura— es considerada algo normal y la distancia ya no parece ser obstáculo para la interacción cotidiana.

Para lograr nuestro objetivo, hemos comenzado por distinguir algunos de los variados significados que se le pueden asignar al verbo *leer*, utilizando para ello el *Diccionario de la Real Academia Española*. La razón para ello fue mostrar que, como especie humana, estamos fisiológica, psicológica y socialmente preparados para leer, aun los que viven en una cultura iletrada que no han desarrollado un sistema gráfico para representar el lenguaje oral.

Quisimos, además, destacar que no saber leer no significa inferioridad psicofisiológica —habida cuenta de que saber hablar en términos generales es universal y se adquiere sin mayor esfuerzo— y que saber leer no es exclusivo de una élite social y cultural. Saber leer debe aprenderse, en ocasiones lentamente, a medida que el sujeto adquiere mayor destreza y rapidez en la decodificación (para no recargar la memoria de corto plazo) y se aumenta el acervo de conocimientos del mundo. Sin embargo, todo sujeto normal puede desarrollar potencialmente esta habilidad.

Desde otra perspectiva y dada la sociedad en la que vivimos, actualmente leer —y no sólo en papel, sino también en pantalla de ordenador o del teléfono móvil— es una necesidad, ya que gran parte de nuestros intercambios con los demás se hace a través de periódicos, correo electrónico y *chat*. Por ello, no saber leer sí es una desventaja desde el punto de vista sociocomunicativo.

Sin embargo, es necesario reconocer que hay muchas formas o niveles de lectura según los propósitos que se buscan y que la gran complejidad que hemos descrito corresponde realmente a lo que denominamos comprensión profunda, y es lo óptimo si lo que deseamos es aprender y no sólo conocer acerca del tema que estamos leyendo. Por supuesto que para lograrlo, como esperamos haber dejado claro en el texto, también es importante la naturaleza del texto, su tema, su estructura y organización.

Si hemos incorporado algunos ejemplos de estrategias requeridas para una lectura comprensiva de textos, no lo hemos hecho con una intención pedagógica; más bien, hemos tratado de mostrar, a través de ellas, ciertas características de los textos junto a la necesidad del ser humano de darle sentido al mundo, incluyendo lo leído. Estas estrategias en ningún caso deben interpretarse como recetas que, de ser seguidas, llevarán al éxito de la meta perseguida. De hecho, las estrategias, en este caso como en cualquier otro, son muy personales. Muchas personas pueden tener el mismo objetivo para su conducta, pero mientras unos buscarán alcanzarlo ahorrando tiempo, otros prefieren ahorrar esfuerzos. Por ejemplo: si quiero ir al centro comercial puedo elegir entre ir en coche (ahorro tiempo), en bus (ahorro esfuerzo) o a pie (ahorro dinero). Pero a ello habría que agregar el aspecto emotivo (no me gusta andar en autobús, me atrae ir mirando escaparates, me da miedo conducir vehículos). En otras palabras, cada persona debe encontrar sus propias estrategias y las aquí mencionadas sólo pretenden ser posibles aproximaciones para alcanzar un objetivo determinado.

En la actualidad existe consenso entre los especialistas acerca del rol central de la lectura de textos escritos especializados en el ámbito académico. Se considera que esta habilidad constituye una vía fundamental de acceso a las disciplinas, no sólo en términos de adquisición de conocimientos especializados muy específicos, sino también en lo que concierne a la integración definitiva de los individuos en sus grupos de especialidad. Leer, comprender y finalmente aprender de manera significativa y crítica, a partir de los textos escritos, constituye una de las habilidades más relevantes en nuestra sociedad actual. Quizás, en la era informática contemporánea, la de más importancia en cuanto al desarrollo integral como personas y a la formación académica y profesional.

La relevancia de la lectura de textos disciplinares para afrontar la vida académica en forma exitosa, evidentemente, enfatiza la necesidad de desarrollar competencias discursivas especiales en los alumnos. En esta situación es esencial tener en cuenta que las disciplinas poseen sus propias características, las que se reflejan a través de sus textos y géneros, tal como se ha mostrado en el capítulo V. Dichas características son principalmente entendidas en términos de los conocimientos específicos, de metodologías y de prácticas compartidas por los miembros de la comunidad disciplinar, especialmente, su forma de pensar, su forma de construir, de transmitir y de consumir el conocimiento, sus normas y epistemologías, y, sobre todo, sus objetivos y las prácticas disciplinarias para alcanzarlos.

Como se desprende, desde nuestra perspectiva, la lectura de textos disciplinares escritos no se asume sólo como una forma de recibir información, sino como un modo de acceder al conocimiento y al comportamiento comunicativo particular de los miembros competentes de una comunidad. Esto permitirá al lector, además de construir y administrar conocimiento, desarrollarse en el interior de dicha comunidad y, en definitiva, insertarse como miembro activo de la sociedad.

LENGUAJE TÉCNICO Y LENGUAJE DE DIVULGACIÓN: ¿TAREA CUMPLIDA O DESAFÍO PERMANENTE?

Al inicio de este libro declaramos nuestro compromiso con un lenguaje simple y en lo posible exento de tecnicismos, asunto congruente con la audiencia amplia a la que buscábamos llegar. Las decisiones enfrentadas en cada párrafo y en cada apartado del libro nos fueron mostrando qué complejo, en ciertos casos y momentos, podía resultar no perder de vista el compromiso inicial, es decir, mantener un lenguaje propio de la divulgación científica, pero sobre todo no simplificar en exceso las ideas que buscábamos comunicar. Esto fue un hallazgo muy revelador para nosotros tres como escritores y, al mismo tiempo, también como lectores. A lo que nos referimos es a la dificultad que en ciertos momentos encontramos en evitar la jerga técnica del científico y ponernos en el lugar de un divulgador que debe ser fiel a los contenidos disciplinares pero que debe apuntar a un público amplio. Esto quiere decir que permanentemente debíamos alejarnos y tomar distancia de nuestro escrito y evaluar la calidad de lo producido. La lectura colectiva entre los autores y las revisiones permanentes nos ayudaron a enfocar o reenfocar, cuando era necesario.

No obstante, este desafío no siempre pudo ser resuelto con total satisfacción por nuestra parte. La inclusión de ejemplos, textos ejemplares de muestra y uso de recursos como la paráfrasis no fueron siempre suficientes. Como autores, nos dimos cuenta con el pasar del tiempo y el avance de nuestro trabajo de que la divulgación no siempre era posible en los términos estrictos que habíamos pensado. En definitiva, no siempre podíamos escapar del uso de ciertos tecnicismos. El asunto central se constituyó en no traicionar las ideas científicas de base, llevándolas a un nivel de difusión tal que lo conceptual se tornara difuso y se llegara a perder el carácter riguroso y con precisión al que también nos habíamos comprometido en la *Introducción* del libro.

«Los equilibrios son buenos». Este enunciado nos trajo tranquilidad, y desde ese momento fue el norte que guió nuestros afanes. Esto es, sin dejar de intentar permanentemente divulgar conceptos fundamentales de los procesos psicosociolingüísticos involucrados en la lectura y las características de los textos y su relación con los géneros discursivos, aceptamos que cierta jerga era requisito para no traicionar los principios científicos de la lectura.

Es bien sabido que cuando un cierto conocimiento se reelabora muchas veces en un afán divulgador exagerado se corre el peligro de que el contenido termine siendo tan disociado de su vertiente original que se traiciona el núcleo temático que se desea transmitir. Esto quiere decir que el riesgo involucrado en el objetivo de hacer de «traductores» no debía llevarnos al de «traidores» con la lectura y lo esencial de ella misma. Así, esperamos muy sinceramente que el ajuste entre lo prometido y el desafío permanente por el sano equilibrio entre un lenguaje divulgativo y un compromiso con un lenguaje técnico hayan llegado a un producto «transmisible». Ciertamente esperamos que nuestros lectores coincidan con nosotros.

El futuro

Actualmente, en los medios letrados y educativos se detecta preocupación por la situación de las nuevas generaciones en relación a la lectura: existe consenso en que, en general, las nuevas generaciones no encuentran placer en la lectura ni ven su absoluta necesidad tal como se hacía o decía años atrás. No está definitivamente claro si esto es cierto o no.

Según algunos, es posible culpar de estos desencantos a los avances tecnológicos. Cuando la televisión pasó a ser parte importante de la vida de las personas, se descubrió una nueva forma más fácil de conocer y aprender, argumentan otros. Este medio hace presente el mundo, lo pone directamente al alcance de la vista de los televidentes, no requiere hacer el esfuerzo de una doble codificación, sus temas pueden fácilmente asociarse al contenido de la memoria episódica de los televidentes y normalmente nadie le pide dar cuenta de lo visto o lo comprendido.

Es posible que esta preocupación sea exagerada ante el hecho de que las nuevas generaciones pasan parte de su día escribiendo y leyendo en la pantalla de un ordenador. El problema pudiera radicar, más bien, en la calidad de la lectura y el grado de profundidad que alcanza la comprensión de la información así obtenida. Un aspecto que hemos querido destacar es la gran conveniencia de saber cuál es el propósito de la lectura, qué quiero hacer con la información así obtenida, para de esa manera adecuar mis procesos a dicha finalidad.

Por último, y habiendo hecho un recorrido por lo que significó escribir este libro, sólo nos resta decir que el trabajo realizado representa tanto el interés por el desarrollo y divulgación de un área de estudio, como el compromiso con una habilidad que creemos fundamental para el libre pensamiento de los seres humanos. Mucha investigación se requiere para que podamos comprender cómo un lector puede hacer mejor uso de sus estrategias y de qué modo podemos ayudarlo a volverse cada vez más estratégico en su lectura. De algún modo, cada capítulo de este volumen contribuye a ello; sin embargo, esperamos que la indagación futura nos ayude a traer nuevas luces para comprender aún mejor qué hacen los lectores eficientes, cuándo y cómo.

Bibliografía complementaria

ALDERSON, J. (2000): *Assessing Reading*, Cambridge, Cambridge University Press.

ALLIENDE, F. y CONDEMARÍN, M. (1993): *La lectura: teoría, evaluación y desarrollo*, Santiago de Chile, Editorial Andrés Bello.

ALONZO, T.; IBÁÑEZ, R.; ÓRDENES, J.; PERONARD, M. y VELÁSQUEZ, M. (2006): *Guiones metodológicos para desarrollar estrategias de comprensión y producción de textos escritos*, Valparaíso (Chile), Ediciones Universitarias de Valparaíso.

ANDERSON, J. (1996): *The Architecture of Cognition*, Hillsdale (Nueva Jersey), Lawrence Erlbaum.

ARNOUX, E.; NOGUEIRA, S. y SILVESTRE, A. (2002): «La construcción de representaciones enunciativas: el reconocimiento de voces en la comprensión de textos polifónicos», en *Revista Signos. Estudios de Lingüística*, n° 35 (51/52), págs. 129-148.

— (2006): «Comprensión macroestructural y reformulación resuntiva de textos teóricos en estudiantes de institutos de formación de docentes primarios», en *Revista Signos. Estudios de Lingüística*, n° 39 (60), págs. 9-30.

ATKINSON, R. y SHIFFRIN, R. (1968): «Human Memory: A Proposed System and Its Control Processes», en SPENCE, K. y SPENCE, J. (eds.): *The Psychology of Learning and Motivation*, Nueva York, Academic Press, vol. 2.

BARRERA, L. y FRACA, L. (1988): *Psicolingüística y adquisición del español*, Caracas, Editorial Retina.

BARSALOU, L. (1999): «Perceptual Symbol Systems», en *Behavioral & Brain Sciences*, n° 22, págs. 577-660.

Belinchón, M.; Revière, A., e Igoa, J. (1992): *Psicología del lenguaje. Investigación y teoría*, Madrid, Trotta Editorial.

Carretero, M. y García Madruga, J. A. (1984): *Lecturas de la psicología del pensamiento*, Madrid, Alianza Editorial.

Cassany, D. (2006): *Tras las líneas. Sobre la lectura contemporánea*, Barcelona, Editorial Anagrama.

— (2008): «Técnicas y recursos para la comprensión lectora», en PLEC (Proyecto de Lectura para Centros Escolares): http://www.plec.es/documentos.php?id_documento= 140&id_seccion=9&nivel=Secundaria

—; Luna, M. y Sanz, G. (1997): *Enseñar lengua*, Barcelona, Editorial Graó.

Condemarín, M. (2006): *Estrategias para la enseñanza de la lectura*, Santiago de Chile, Editorial Planeta.

Crespo, N., Benítez, R. y Cáceres, P. (2007): «La comprensión oral del lenguaje no literal y su relación con la producción escrita en escolares», en *Revista Signos. Estudios de Lingüística*, nº 40 (63), págs. 31-50.

Crowder, R. G. (1985): *Psicología de la lectura*, Madrid, Alianza Editorial.

Cubo de Severino, L. (coord.) (2005): *Leo pero no comprendo. Evaluación y desarrollo de estrategias de comprensión lectora*, Córdoba (Argentina), Editorial Comunicarte, edición corregida y aumentada.

Deacon, T. (1997): *The Symbolic Species: The Co-evolution of Language and the Human Brain*, Londres, Allen Lane.

DeKeyser, R. (2003): «Implicit and Explicit Learning», en Doughty, C. y Long, M. (eds.): *The Handbook of Second Language Acquisition*, Oxford, Blackwell, págs. 313-348.

Delclaux, U. y Seoane, J. (1982): *Psicología cognitiva y procesamiento de la información*, Madrid, Ediciones Pirámide.

Di Stefano, M; Narvaja, E. y Pereira, C. (2003): *La lectura y la escritura en la Universidad*, Buenos Aires, Editorial Eudeba.

Fernández, G. y Carlino, P. (2007): «Leer y escribir en los primeros años de la Universidad: Un estudio proyectado en ciencias veterinarias y humanas de la UNCPBA», en *Cuadernos de Educación*, nº 5, págs. 277-289.

FERREIRO, E. y GÓMEZ PALACIOS, M. (comps.): *Nuevas perspectivas sobre los procesos de lectura y escritura*, Madrid, Siglo XXI Editores.

FLAVELL, J. H. (1984): *El desarrollo cognitivo*, Madrid, Visor Libros.

FRACA, L. (2006): *La ciberlingua. Una variedad compleja de la lengua en Internet*, Caracas, Ediciones del Vicerrectorado de Investigación y Posgrado-UPEL/Instituto Venezolano de Investigaciones Lingüísticas y Literarias Andrés Bello.

GAGNÉ, E. D. (1991): *La psicología cognitiva del aprendizaje escolar*, Madrid, Visor Libros.

GARCÍA, J.; PERALBO, M. y VIEIRO, P. (1997): *Procesos de adquisición y producción de la lectoescritura*, Madrid, Visor Libros.

GARCÍA-ALBEA, J. (1993): *Mente y conducta*, Madrid, Trotta Editorial.

GARDNER, H. (1987): *Historia de la revolución cognitiva*, Barcelona, Ediciones Paidós.

GERNSBACHER, M. (1990): *Language Comprehension as Structure Building*, Hillsdale (Nueva Jersey), Lawrence Erlbaum.

— (1996): «The Structure-building Framework: What It Is, What It Might Also Be, and Why», en BRITTON, B. y GRAESSER, A. (eds.): *Models of Understanding Texts*, Hillsdale (Nueva Jersey), Lawrence Erlbaum, págs. 289-311.

GLENBERG, A. (1997): «What Memory Is For», en *Behavioral and Brain Sciences*, nº 20, págs. 1-55.

GOLDER, C. y GAONAC'H, D. (2002): *Leer y comprender. Psicología de la lectura*, Madrid, Siglo XXI Editores.

GOLDMAN, S.; GOLDEN, R. y VAN DEN BROEK, P. (2007): «Why Are Computational Models of Text Comprehension Useful?», en SCHMALHOFER, F. y PERFETTI, CH. (eds.), *Higher Level Language Processes in the Brain*, Hillsdale (Nueva Jersey), Lawrence Erlbaum, págs. 27-53.

—; GRAESSER, A. y VAN DEN BROEK, P. (1999): «Essays in Honor of Tom Trabasso», en GOLDMAN, S.; GRAESSER, A.

y VAN DEN BROEK, P. (eds.): *Narrative Comprehension, Causality and Coherence. Essays in Honor of Tom Trabasso*, Hillsdale (Nueva Jersey), Lawrence Erlbaum, págs. 1-10.

GÓMEZ MACKER, L. (1995): «La dimensión social de la comprensión textual», en *Revista Signos. Estudios de Lingüística*, nº 17, págs. 35-36.

— (1998): «Dimensión social de la comprensión verbal», en PERONARD, M.; GÓMEZ MACKER, L.; PARODI, G. y NÚÑEZ, P. (eds.): *Comprensión de textos escritos: De la teoría a la sala de clases*, Santiago de Chile, Editorial Andrés Bello, págs. 34-58.

GRAESSER, A. y BRITTON, B. (1996): «Five Metaphors for Text Understanding», en BRITTON, B. y GRAESSER, A. (eds.): *Models of Understanding Texts*, Hillsdale (Nueva Jersey), Lawrence Erlbaum, págs. 341-352.

—; GERNSBACHER, M. y GOLDMAN, S. (1997): «Cognition», en VAN DIJK, T. (ed.): *Discourse as Structure and Process (Discourse Studies: A Multidisciplinary Introduction)*, Londres, Sage, vol. 1, págs. 292-319.

—; POMEROY, V. y GRAIG, S. (2002): «Psychological and Computational Research on Theme Comprehension», en LOUWERSE, M. y VAN PEER, W. (eds.): *Thematics. Interdisciplinary Studies*, Filadelfia, John Benjamins, págs. 19-34.

—; SINGER, M. y TRABASSO, T. (1994): «Constructing Inferences During Narrative Text Comprehension», en *Psychological Review*, nº 48, págs. 163-189.

—; SWAMER, Sh.; BAGGETT, W. y SELL, M. (1996): «New Models of Deep Comprehension», en BRITTON, B. y GRAESSER, A. (eds.): *Models of Understanding Texts*, Hillsdale (Nueva Jersey), Lawrence Erlbaum, págs. 1-32.

— y WIEMER-HASTINGS, K. (1999): «Situation Model and Concepts in Story Comprehension», en GOLDMAN, S.; GRAESSER, A. y VAN DEN BROEK, P. (eds.), *Narrative Comprehension, Causality and Coherence. Essays in Honor of Tom Trabasso*, Hillsdale (Nueva Jersey), Lawrence Erlbaum, (págs. 77-92).

—; WIEMER-HASTINGS, P. y WIEMER-HASTINGS, K. (2001): «Constructing Inferences and Relations During Text Comprehension», en SANDERS, T.; SCHILPEROORD, J. y SPOOREN, W. (eds.): *Text Representation: Linguistic and Psycholinguistic Aspects*, Amsterdam, John Benjamins, págs. 249-263.

HEILMICH, J. E. y PITTELMAN, S. D. (1990): *Los mapas semánticos*, Madrid, Visor Libros.

IBÁÑEZ, R. (2007): «Cognición y comprensión. Una aproximación histórica y crítica al trabajo investigativo de Rolf Zwaan», en *Revista Signos. Estudios de Lingüística*, n° 40 (63), págs. 81-100.

— (2007): «Comprensión de textos disciplinares escritos en inglés», en *RLA*, n° 45, págs. 67-85.

— (2008): «Comprensión de textos académicos escritos en inglés: relación entre nivel de logro y variables involucradas», en *Revista Signos. Estudios de Lingüística*, n° 41 (67), págs. 203-229.

INOSTROZA, G. (1996): *Aprender a formar niños lectores y escritores*, UNESCO/ DOLMEN Chile, JC Sáez Editor.

KARMILOFF-SMITH, A. (1992): *Beyond Modularity: A Developmental Perspective on Cognitive Science*, Cambridge (Massachusetts), MIT Press.

KINTSCH, W. (1988): «The Role of Knowledge in Discourse Comprehension: a Construction-integration Model», en *Psychological Review*, n° 95, págs. 163-182.

— (1998): *Comprehension: A Paradigm for Cognition*, Nueva York, Cambridge University Press.

— (2001): «Predication», en *Cognitive Science*, n° 25, págs. 173-202.

— (2002): «On the Notions of Theme and Topic in Psychological Process Models of Text Comprehension», en LOUWERSE, M. y VAN PEER, W. (eds.): *Thematics: Interdisciplinary Studies*, Amsterdam, John Benjamins, págs. 151-170.

— (2003): *Metaphor Comprehension: A Computational Theory. Psychonomic Bulletin & Review* [en línea]. Disponible en: http://lsa.colorado.edu/papers/metaphor.kintsch.pdf

—; PATEL, V. y ERICSSON, A. (1999): «The Role of Long Term Working Memory in Text Comprehension», en *Psychology*, n° 42, págs. 186-198.

— y Rawson, K. (2005): «Comprehension», en Snowling, M. y Hume, Ch. (eds.): *The Science of Reading. A Handbook*, Victoria (Australia), Blackwell, págs. 209-226.

— y Van Dijk, T. (1978): «Toward a Model of Text Comprehension and Production», en *Psychological Review*, n° 85, págs. 363-391.

León, J. (coord.) (2003): *Conocimiento y discurso. Claves para inferir y comprender*, Madrid, Ediciones Pirámide.

— (2004): *Adquisición de conocimiento y comprensión. Origen, evolución y método*, Madrid, Editorial Biblioteca Nueva.

Louwerse, M. (2007): «Symbolic or Embodied Representations: A Case for Symbol Interdependency», en Landauer, T.; McNamara, D.; Dennis, S. y Kintsch, W. (eds.): *Handbook of Latent Semantic Analysis*, Hillsdale (Nueva Jersey), Lawrence Erlbaum, págs. 45-63.

Magliano, J. P. (1999): «Revealing Inference Processes During Text Comprehension», en Goldman, S.; Graesser, A. y Van den Broek, P. (eds.): *Narrative Comprehension, Causality and Coherence. Essays in Honor of Tom Trabasso*, Hillsdale (Nueva Jersey), Lawrence Erlbaum, págs. 55-76.

Mannes, S. y Doane, S. (1995): «Beyond Discourse: Applications of the Construction-integration Model», en Weaver, C.; Mannes, S. y Fletcher, C. (eds.): *Discourse Comprehension. Essays in Honor of Walter Kintsch*, Hillsdale (Nueva Jersey), Lawrence Erlbaum, págs. 307-336.

— y St. George, M. (1996): «Effects of Prior Knowledge on Text Comprehension: A Simple Modeling Approach», en Britton, B. y Graesser, A. (eds.): *Models of Understanding Texts*, Hillsdale (Nueva Jersey), Lawrence Erlbaum, págs. 115-140.

Marinkovich, J.; Peronard, M. y Parodi, G. (2006): *LECTES: Programa de lectura y escritura. Guía metodológica*, Valparaíso (Chile), Ediciones Universitarias de Valparaíso.

Martínez, M. (comp.) (1999): *Comprensión y producción de textos académicos: expositivos y argumentativos*, Cali (Colombia), Editorial Cátedra UNESCO.

— (comp.) (2001): *Aprendizaje de la argumentación razonada. Desarrollo temático en los textos expositivos y argumentativos*, Cali (Colombia), Editorial Cátedra UNESCO.

MATEOS, M. (2009): «Ayudar a comprender los textos en la educación secundaria: la enseñanza de estrategias de comprensión de textos», en *Revista Aula de Innovación Educativa*, n° 179, págs. 52-55.

MAYER, R. E. (1983): *Pensamiento, resolución de problemas y cognición*, Barcelona, Ediciones Paidós.

MCKOON, G. y RATCLIFF, R. (1995): «The Minimalist Hypothesis: Directions for Research», en WEAVER, C.; MANNES, S. y FLETCHER, C. (eds.): *Discourse Comprehension. Essays in Honor of Walter Kintsch*, Hillsdale (Nueva Jersey), Lawrence Erlbaum, págs. 97-116.

MCNAMARA, D. (2004): «Aprender del texto: efectos de la estructura textual y las estrategias del lector», en *Revista Signos. Estudios de Lingüística*, n° 37, págs. 19-30.

— y KINTSCH, W. (1996): «Learning From Texts: Effects of Prior Knowledge and Text Coherence», en *Discourse Processes*, n° 22, págs. 247-288.

— y O'REILLY, T. (2002): «Learning: Knowledge Representation, Organization and Acquisition», en GUTHRIE, J. (ed.): *The Encyclopedia of Education*, Nueva York, Macmillan, págs. 234-256.

MIRAS, M.; MATEOS, M.; MARTÍN, E.; GRÀCIA, M.; CUEVAS, M.; CASTELLS, N. y SOLÉ, I. (2005): «Lectura, escritura y adquisición de conocimientos en educación secundaria y educación universitaria», en *Revista Infancia y Aprendizaje*, n° 28, 3, págs. 329-348.

MONEREO, C. (coord.); CASTELLÓ, M.; CLARIANA, M.; PALMA, M. y PÉREZ CABANI, M. L. (1997): *Estrategias de enseñanza y aprendizaje. Formación del profesorado y aplicación en la escuela*, Barcelona, Editorial Graó.

NICKERSON, R. S.; PERKINS, D. N. y SMITH, E. E. (1985): *Enseñar a pensar*, Barcelona, Ediciones Paidós.

PARODI, G. (1989): «Las inferencias: una aproximación al concepto», en *Actas del 8° Seminario Nacional de Investigación* y *Enseñanza de la Lingüística*, Santiago de Chile, Universidad de Santiago de Chile, págs. 211-220.

— (1992): «Estructura textual y estrategias lectoras», en *Lenguas Modernas*, nº 19, págs. 81-89.

— (1998): «Comprensión literal y comprensión inferencial: estrategias lectoras», en PERONARD, M.; GÓMEZ MACKER, L.; PARODI, G. y NÚÑEZ, P. (eds.): *Comprensión de textos escritos: De la teoría a la sala de clases*, Santiago de Chile, Editorial Andrés Bello, págs. 201-212.

— (2001): «Comprensión y producción del discurso escrito: estudio empírico en estudiantes chilenos», en *Revista Iberoamericana de Discurso y Sociedad*, nº 3 (1), págs. 75-101.

— (2002): «Comprensión lingüística: ¿hacia dónde vamos desde donde estamos?», en PARODI, G. (ed.): *Lingüística e interdisciplinariedad: desafíos del nuevo milenio. Ensayos en honor a Marianne Peronard*, Valparaíso (Chile), Ediciones Universitarias de Valparaíso, págs. 67-93.

— (2003): *Relaciones entre lectura y escritura: una perspectiva cognitiva discursiva*, Valparaíso (Chile), Ediciones Universitarias de Valparaíso.

— (2005): *Compresión de textos escritos*, Buenos Aires, Editorial Eudeba.

— (2007): «Comprensión y aprendizaje a partir del discurso especializado escrito: Teoría y empiria», en PARODI, G. (ed.): *Lingüística de corpus y discursos especializados: puntos de mira*, Valparaíso (Chile), Ediciones Universitarias de Valparaíso, págs. 223-255.

PERFETTI, C.; LANDI, N. y OAKHILL, J. (2005): «The Acquisition of Reading», en PERONARD, M., VELÁSQUEZ, M., CRESPO, N. y VIRAMONTE, M. (2002): «Conocimiento metacognitivo del lenguaje escrito: instrumento de medición y fundamentación teórica», en *Infancia y Aprendizaje*, nº 25 (2), págs. 131-145.

— (1985): «Reflexiones acerca de la comprensión lingüística: hacia un modelo», en *Revista de Lingüística Teórica y Aplicada*, nº 23, págs. 19-32.

— (1988): «El hombre que habla; el hombre que escribe», en *Boletín Academia Chilena de la Lengua*, nº 68, págs. 59-77.

— (1992): «La comprensión de textos escritos como proceso estratégico», en Bocaz, A. (ed.): *Actas del primer simposio sobre cognición, lenguaje y cultura: diálogo transdisciplinario en ciencia cognitiva*, Santiago de Chile, Editorial Universitaria, págs. 89-102.

— (1994): «La evaluación de la comprensión de textos escritos: el problema del resumen», en *Lenguas Modernas*, nº 21, págs. 38-51.

— (1997): «¿Qué significa comprender un texto escrito?», en Peronard, M.; Gómez, L.; Parodi, G. y Núñez, P. (comps.): *Comprensión de textos escritos: De la teoría a la sala de clases*, Santiago de Chile, Editorial Andrés Bello, págs. 55-78.

— (1998): «La evaluación de la comprensión de textos escritos: el problema del resumen», en Peronard, M.; Gómez, L.; Parodi, G. y Núñez, P. (comps.): *Comprensión de textos escritos: De la teoría a la sala de clases*, Santiago de Chile, Editorial Andrés Bello, págs. 97-1118.

— (1998/1999): «La psicolingüística: el difícil transitar de una interdisciplina», en *Boletín de Filología, Homenaje a Ambrosio Rabanales*, nº XXXVII, págs. 969-984.

— (1999): «Metacognición y conciencia», en Parodi, G. (ed.): *Discurso, cognición y educación. Ensayos en honor a Luis Gómez Macker*, Valparaíso (Chile), Ediciones Universitarias de Valparaíso, págs. 43-57.

— (2005): «La metacognición como herramienta didáctica», en *Revista Signos. Estudios de Lingüística*, nº 38 (57), págs. 61-74.

— (2007): «Lectura en papel y en pantalla de computador», en *Revista Signos. Estudios de Lingüística*, nº 40 (63), págs. 179-195.

Peronard, M.; Crespo, N. y Velásquez, M. (2000): «La evaluación del conocimiento metacomprensivo en alumnos de educación básica», en *Revista Signos. Estudios de Lingüística*, nº 33 (47), págs. 167-180.

—; Gómez, L.; Parodi, G.; Núñez, P. y González, J. (1997): *Programa L y C: leer y comprender. Libros 1 y 2*, Santiago de Chile, Editorial Andrés Bello.

—; Gómez Macker, L.; Parodi, G. y Núñez, P. (1998): *Comprensión de textos escritos: de la teoría a la sala de clases*, Santiago de Chile, Editorial Andrés Bello.

—; Velásquez, M.; Crespo, N. y Viramonte, M. (2002): «Conocimiento metacognitivo del lenguaje escrito: instrumento de medición y fundamentación teórica», en *Infancia y Aprendizaje*, n° 25 (2), págs. 131-145.

Polson, G. (1995): «Walter Kintsch: A Brief Biography», en Weaver, C.; Mannes, S. y Fletcher, C. (eds.): *Discourse Comprehension. Essays in Honor of Walter Kintsch*, Hillsdale (Nueva Jersey), Lawrence Erlbaum, págs. 1-9.

Pozo, J. (2001): *Humana mente. El mundo, la conciencia y la carne*, Madrid, Ediciones Morata.

Pulvermüller, F. (1999): «Words in the brain's language», en *Behavioral & Brain Sciences*, n° 22, págs. 253-270.

Rébola, M. y Stroppa, M. (ed.) (2000): *Temas actuales en la didáctica de la lengua*, Rosario (Argentina), Editorial Laborde.

Rumelhart, D. (1977): «The Representation of Knowledge in Memory», en Anderson, R.; Spiro, R. y Montague, E. (eds.): *Schooling and the Acquisition of Knowledge*, Hillsdale (Nueva Jersey), Lawrence Erlbaum, págs. 99-136.

— (1992): *Introducción al procesamiento distribuido en paralelo*, Madrid, Alianza Editorial.

— (1998): «The Architecture of Mind: A Conexionist Approach», en Thagard, P. (ed.): *Mind Readings*, Cambridge (Massachusetts), MIT Press, págs. 207-238.

Rumelhart, D. y McClelland, J. (1986): *Parallell Distributed Processing: Studies in the Microstructure of Cognition*, Cambridge (Massachusetts), MIT Press, vol. 2.

Sánchez, M. (1993): *Los textos expositivos. Estrategias para mejorar su comprensión*, Madrid, Editorial Santillana.

— (1998): *Comprensión y redacción de textos. Dificultades y ayudas*, Barcelona, Grupo Edebé.

Siguán, M. (1986): *Estudios de psicolingüística*, Madrid, Ediciones Pirámide.

Smith, F. (1983): *Comprensión de la lectura. Análisis psicolingüístico de la lectura y su aprendizaje*, México DF, Editorial Trillas.

— (1990): *Para darle sentido a la lectura*, Madrid, Visor Libros.

Solé, I. (1997): *Estrategias de lectura*, Barcelona, Editorial Graó.

Valle, F.; Cuetos, F.; Igoa, J. M. y Del Viso, S. (eds.) (1990): *Lecturas de psicolingüística, vol. 1. Comprensión y producción del lenguaje*, Madrid, Alianza Editorial.

Van den Broek, P. y Gustafson, M. (1999): «Comprehension and Memory for Texts: Three Generations of Reading Research», en Goldman, S.; Graesser, A. y Van den Broek, P. (eds.): *Narrative Comprehension, Causality and Coherence. Essays in Honor of Tom Trabasso*, Hillsdale (Nueva Jersey), Lawrence Erlbaum, págs. 15-34.

—; Rinden, K.; Fletcher, C. y Thurlow, R. (1996): «A "Landscape" View of Reading: Fluctuating Patterns of Activation and the Construction of a Stable Memory Representation», en Britton, B. y Graesser, A. (eds.): *Models of Understanding Texts*, Hillsdale (Nueva Jersey), Lawrence Erlbaum, págs. 165-188.

Van Dijk, T. (1995): «On Macrostructures, Mental Models, and Other Inventions: A Brief Personal History of the Kintsch-Van Dijk Theory», en Weaver, C.; Mannes, S. y Fletcher, C. (eds.): *Discourse Comprehension. Essays in Honor of Walter Kintsch*, Hillsdale (Nueva Jersey), Lawrence Erlbaum, págs. 383-410.

— (1997). *La ciencia del texto. Un enfoque interdisciplinario*, Barcelona, Ediciones Paidós.

— (1998): *Texto y contexto*, Madrid, Ediciones Cátedra.

— (2001): *Estructuras y funciones del texto*, Ciudad de México, Siglo xxi Editores.

— y Kintsch, W. (1983): *Strategies of Discourse Comprehension*, Nueva York, Academic Press.

Vega, M. de (1984): *Introducción a la psicología cognitiva*, Madrid, Alianza Editorial.

— (2002): «Del significado simbólico al significado corpóreo», en *Estudios de Psicología*, n° 23, págs. 153-174.

—; Carreiras, M.; Gutiérrez-Calvo, M. y Alonso-Quecu-ty, M. (1990): *Lectura y comprensión: una perspectiva cognitiva*, Madrid, Alianza Editorial.

— y Cuentos, F. (coords.) (1999): *Psicolingüística del español*, Madrid, Trotta Editorial.

Zwaan, R. (1999): «Five Dimensions of Narrative Comprehension», en Goldman, S.; Graesser, A. y Van den Broek, P. (eds.): *Narrative Comprehension, Causality and Coherence. Essays in Honor of Tom Trabasso*, Hillsdale (Nueva Jersey), Lawrence Erlbaum, págs. 93-110.

— (2004): «The Immersed Experiencer: Toward an Embodied Theory of Language Comprehension», en Ross, B. (ed.), *The Psichology of Learning and Motivation*, Nueva York, Academic Press, págs. 35-62.

—; Graesser, A. y Magliano, J. P. (1995): «Dimensions of Situation Model Construction in Narrative Comprehension», en *Journal of Experimental Psichology*, n° 21, págs. 386-397.

—; Langston, M. y Graesser, A. (1995): «The Construction of Situation Models in Narrative Comprehension: An Event-indexing Model», en *Psychological Science*, n° 6, págs. 292-297.

—; Madden, C.; Yaxley, R. y Aveyard, M. (2004): «Moving Words: Dynamic Representations in Language Comprehension», en *Cognitive Science*, n° 28, págs. 611-619.

— y Madden, C. (2005): «Embodied Sentence Comprehension», en Pecher, D. y Zwaan, R. (eds.): *Grounding Cognition: The Role of Perception and Action in Memory, Language, and Thought*, Nueva York, Cambridge University Press, págs. 224-245.

— y Petcher, D. (2005): «Introduction to Grounding Cognition. The Role of Perception and Action in Memory, Language and Thinking», en Pecher, D. y Zwaan, R. (eds.): *Grounding Cognition: The Role of Perception and Action in Memory, Language and Thought*, Nueva York, Cambridge University Press, págs. 1-7.

— y RADVANSKY, G. (1998): «Situation Models in Language Comprehension and Memory», en *Psychological Bulletin*, n° 123, págs. 162-185.

—; STANFIELD, R. y YAXLEY, R. (2002): «Language Comprehenders Mentally Represent the Shape of Objects», en *Psychological Science*, n° 13, págs. 168-171.